SKILL

スキル

仕事で使える変な力たち

高瀬敦也
ATSUYA TAKASE

CROSSMEDIA PUBLISHING

考え方を
アップデートしたら、
全部スキルになった。

はじめに

「なんかスキルを身に付けなくちゃなぁ」「もっと給料上げたいけど、どんなスキルがあればいいのかなぁ」「これから長く仕事していくのに、スキルがないとやってけないかもなぁ」そんなことが頭をよぎって、この本を手に取っていただけたのかもしれません。

ビジネスパーソンを評価するとき、大雑把に「優秀かそうでないか」で語られがちですが、その基準として「スキルがあるかないか」で判断されているケースが多くあります。そのせいか、書店にいけば「すぐに身に付く○○術」「誰でもできる○○法」などスキルアップを促すたくさんの本が並んでいます。たしかに仕事をする上でスキルは必要です。スキルがあれば優秀な人になってお金も稼げそうです。

しかし「スキルってこんなにあるのか」と感じるほど、世の中には多様なスキルが溢れています。すべてを手に入れるのは無理ですよね。そうなると「自分にとって必要なスキルって何だろう」と考えます。そもそも「自分には何のスキルがあって、何のスキルが足りてないのか」よく分かりません。この本はたぶん、そんな方に〝使える〟本です。

ビジネススキルについては多くの知識人が説明してきました。では、ビジネスで結果を出し成功者と言われるような人たちは、一様にそのようなスキルがあったのでしょうか。私は仕事柄たくさんの優秀な人と関わってきましたが、そんなことはありませんでした。

本書では、たくさんの優秀なビジネスパーソンの知恵や経験、大切にしていることなどもまとめて、今まで言語化されてこなかった「スキルにならなさそうなこと」や、「今までよく耳にしたスキル」についてもちょっと違う角度でお話しします。様々なスキルを網羅的に取り上げていますので、気になるところだけ読んでいただくのも良いと思います。

スキルとはテクニックではなく「考え方」

「スキル」が欲しいと思う人の目的は、敢えて端的に言えば「仕事を上手くやりたい」「仕事の能力を上げたい」ということでしょう。

結論から言います。「考え方」です。このような目的におけるスキルとは、実は「テクニック」ではありません。「考え方」です。どんなことでも考え方や捉え方でスキルになります。「なんでもなさそうなこと」を言語化して自分で認識したとき、それがスキルになります。剣になって戦いをサポートしてくれますし、盾になって身を守ってくれます。

武器として使い始めると、周囲の人が勝手に「〇〇力がありますよね」と高いスキルを持つ人として評価してくれます。これが「スキルの正体」です。

従来の「知識」を土台とした「テクニック」的なスキルは、テクノロジーの進歩や社会の変化でどんどん廃れていきます。すぐにまた新しいスキルを学ばなければなりません。また、人の能力を測る上で、ＡＩを含めたテクノロジーの進化は「知識」の重要度を下げています。これからは「考える力」や「考え方そのもの」で差がついていきます。

本書では「誰にでも持つことができて、考え方ひとつでスキルになること」と、少しだけ「身に付けるのに便利な方法」をご紹介します。それは流行り廃りもなければ、経年劣化するものでもありません。「考え方」のアップデートによって身に付いたスキルならば、ずっと持ち続けられる「自分だけのスキル」になるはずです。

人は「若い人」ほど優れている

ここからは「なぜそんな本を書いたのか」、軽く自己紹介も兼ねてお話させていただきます。

「人は若い人ほど優れている。若ければ若いほど優れている」。私はずっとそう思っています。それは肉体的に元気だということではありません。若い人は「文化的な人間」として優れています。

「いまどきの若い者は……」と次世代を憂う文句はいつの時代にもありますが、

5000年前のエジプト遺跡にも同様の記述があったそうです。しかし当時は奴隷制が当たり前に存在していました。300年前は「斬り捨て御免」という特権が武士には与えられていて「無礼と感じたら斬っても処罰されない」なんてこともありましたし、「さらし首」も150年前までは日常です。そこまで昔の話でなくても、25年前は飛行機の中で喫煙していたのも普通の光景でした。どれもこれも今この時代には考えられないことですし、もし同じことがあったら大事件、大問題です。「世の中は時と共に良くなっていく」。これは歴史が証明しています。10年スケールでは「昔の方が良かった」というようなことが語られたりもしますが、100年スケールでは確実に世の中は良くなっています。歴史を作ってきたのは「人」ですから、昔の人より今の人の方が「良い人」なのです。ですから、「いまどきの若い者は」と次世代を憂うのは間違っています。人は若ければ若いほど優れています。

この考え方を拙著『人がうごくコンテンツのつくり方』で書いたところ、大きな反響がありました。

〝おじさん〟たちから「いまどきの若い者は」と言われ苦々しく感じていた若い

方々から「すっきりした」などの反応はもちろんありました。しかしそれ以上に〝おじさん〟世代側から「自分を戒める機会になった」「生きる目的が明確になった」という感想が多く寄せられました。それは、年配者の役割を次のように説いたからです。

年配者の存在価値とは何か。それは若い人を叱咤したり指導することではありません。「近道を伝え残すこと」。これだけです。親はなくとも子は育つとはよく言ったもので、若い人は叱咤したり指導なんかしなくても勝手に育ちます。よく「人材教育」などと言いますが、少なくともビジネスシーンにおいて「人を教え育てる」なんておこがましいと思っています。これは私が謙虚ぶりたいからではなく、「人の基本的人格や性格は変わらない」と考えているからです。

少し話が逸れましたが、いずれにせよ若い人は自分の力で道を進む力があります。ですから先行者である年配者は、後を歩む若い人が不必要な遠回りをしないよう、危険を回避できるよう、「安全な近道を伝え残すこと」が唯一最大の役割です。「教える」のではありません。「伝え残す」だけです。

安全な近道を伝え残したら、どの道を選ぶかは次世代それぞれの人が勝手に決めることです。「経験した方がいい」と考えて敢えてデコボコ道を選んだり、単純な冒険心で危険な道を求める人もいるでしょう。でも「危険な道だと知って進む」のと「本当は避けたかったのに危険にあってしまう」のでは大違いです。

私はコンテンツプロデューサーとして企画業を営んでいますが、過去に書いた二冊は、「コンテンツ」や「企画」という分野において「ノウハウを伝え残す」ことを目的に書きました。本書ではもう少し範囲を広げて、「ビジネスシーンと、ひいては人間社会で生きる人」として、私が遠回りしたことで知った近道を伝え残したつもりです。

私は19年間会社員生活をした後、独立起業し6年がたちました。被雇用者でもあり、雇用者にもなりました。受注者でもあり、発注者でもありました。選挙権も行使しましたし、被選挙権も使いました。様々な軸で相反しがちな立場を経験しました。

また、私は子供のころから感受性が強くて、他人の感情と自分の感情の境界線がほとんどなく、不必要なほどに他人の感情に影響されていました。結果として「自分が周囲からどう見られているか」人の目を気にして過ごしてきました。

いい人と思われたいし、格好つけたい。でも、それが空回りして誤解を招いたり混乱させてしまったり。当然、人と接するたびに大きなエネルギーを使うので、人と関わるのが嫌になったり。それでも孤独から逃れるために無理に人と関わって、案の定ダメージを負ったり。そんな感じでも、なんとか生きてきました。ややこしい性格な上に、相反しがちな様々な立場を経験してきた人生です。

小さな障害物につまずいたり、道を間違えて少し遠回りするだけでも、いちいち立ち止まってアレコレ考えてきました。一般的にはムダな思考だったと思います。「でも、そんなムダな思考もまとめて言語化できればムダではなくなるかもしれない。」そう思ってまとめてみました。次世代を生きる優秀な若い方々の、ちょっとした近道ガイドブックになればこの上ない喜びです。

最後に、こういう本ってすごく立派な人や優秀な人が書いていますよね。洗練された理論や突き抜けた経験が多くて、読めば刺激的かつ爽快で力が湧きます。ですが、どこか少し自分事になりづらい人もいるかもしれません。読後はやる気になっていても、なかなか続かなかったりということもありますよね。一方この本は、さほど大きなことを成し遂げた人が書いているわけでもありません。カッコいい高度なビジネス書ではありませんが、気楽に読めてきっと〝使える〟ビジネス書です。数年後、読んでくださった方が「これさぁ、なんの本だったか忘れたけど、そこに書いてあった〝使える考え方〟なんだけど……」と部下や後輩にお話してもらえていたら。そんなことを想像しながら書きました。

スキル　目次

はじめに……004

第1章 人を動かす

情報収集力……018
市場理解力……024
やりたいことを言う力……036
リーダーシップ力……045
紹介され力……056
甘える力……063
傾聴力……070
褒め力……079

他人の時間を気にする力 083
人脈力 089
好きと言う力 095

第2章 武器を持つ

進行力 104
プレゼン力 112
営業力 120
パクる力 125
朝令暮改力 131
希少力 135
スピード力 140
稼ぐ力 147
とりあえずやってみる力 159
信用力 168

第3章 身を守る

優先順位力 …… 178
同時進行力 …… 187
自分時間を増やす力 …… 200
投資力 …… 210
コンプレックス力 …… 215
馬鹿なフリ力 …… 221
寝る力 …… 227
スルー力 …… 230
国語力 …… 235
逃げる力 …… 240

第4章 自由になる

楽する力 …… 248

頑張らない力 257
ポジショニング力 265
無所属力 278
所属力 286
コミュニティ力 292
なりたい自分になる力 296
未来予測しない力 300
未来を知る力 309
結ぶ力 313
生きる力 316

おわりに 322

カバーデザイン　金澤浩二

第 1 章

人を動かす

chapter 1

Motivating Others

情報収集力

私は怠け者です。ですから情報収集が面倒で嫌いです。情報収集というと、ビジネススクールに通ったり、メディアに課金して「ビジネスに必要なことを能動的に集める」イメージが一般的かもしれません。このイメージにおいては「情報収集は仕事の一部」です。なんか面倒でやりたくなくなりますよね。

それでも情報収集はしなければなりません。情報はビジネスのみならず、すべての「スタート地点」になります。情報があるから思考できますし、別の情報を理解できます。情報のあるところに人もお金も集まります。

情報収集が嫌いな私ですが、そんな私でも「普段どうやって情報を集めているのか」と聞かれます。「人よりいろいろな情報を知っている」と思われているからです。実は、怠け者の私だからこそ効率的に情報収集できていると思います。そのコツや考え方をお話したいと思います。

情報は浅く広く

まず情報は「浅く広く」とります。意外と思われるかもしれません。一般的に「物事は深く知っている方が価値がある」とされています。しかし、物事を深く知ることはとても難しいです。実際に経験することが必要だったり、その分野に関わる人それぞれの考えを知らなければなりません。それにはたくさんの時間を必要とします。ですから一つのことを深く知るのは諦めて、まずは浅くてもいいのでたくさんの物事を知ることから始めます。

そもそも好奇心が湧くのは、浅く知ってからです。「まったく知らない物事」に脳は反応しません。身の周りにはたくさんの情報が飛び交っています。しかし目や耳はそれに反応しません。せっかく得られるかもしれない情報がそばにあったとしても、「まったく知らない物事」はスルーするようにできています。

行動経済学者のジョージ・ローウェンスタインが提唱した「情報の空白」という考え方があります。これは、新しい情報を得ることによって自分がそれまで「知らなかった」ということに気付き、「すでに知っていること」の中にある空白地帯を認識すると「好奇心が湧く」というものです。まずは浅く知っておくと、その先に深くたくさん知ることができるようになります。

また、この世で「ヒットするものやお金を生むもの」は、総じて「何かと何かの掛け合わせ」だったり「何かと何かの間にあるもの」です。浅く広くたくさんのことを知っていると、いろいろな物事の掛け算を楽しんだり、それが何かと何かの間にあることにも気付くことができます。「浅く広く知ること」は、「ヒットするものやお金を生むもの」をつくり出すことにも繋がります。

浅く広く知るべき理由はもう一つあります。それは「浅く広くたくさんのことを知っている人」が希少だからです。希少であることには価値があります。

今の世の中にはたくさんのコンテンツや情報があります。SNSを通じてコンテンツが無限に生まれています。以前なら世に出ることのなかった小さな情報がSNSを通じてたくさん流れてきます。そして、それらのコンテンツや情報はパーソナライズされて届きます。そうすると「自分の好きな細かい領域」にたくさんの情報が集まりますから、人はどんどん専門的になります。実は、現代は「なにかしらの専門家だらけ」なのです。同時にこの「専門家」は「他の物事のことはあまり知らない」ということになります。「浅く広く知る人」はどんどん少なくなってきています。

情報収集は一人でしない

情報収集する上でもうひとつ大切な考え方があります。それは「人に頼り、人から集める」ということです。情報収集は「自分一人でやること」と考えがちです。ですから冒頭でお話しした通り「メディアやスクールにお金を使って情報収集する」という思考になります。それも悪いことではありませんが、効率が良いとは言えませんし、楽しく続けるのは難しいかもしれません。そこで「人に頼り、人から集める」ことをお薦めします。

具体的には友人や知人に聞くだけです。「最近すごいと思ったことありますか?」「いいなと思った人いる?」「面白かった本とかマンガある?」「美味しくて安いお店知らない?」。すると相手は丁寧に教えてくれます。相手も「自分が良いと感じたこと」について話すのですから楽しく話してくれます。そしてなにより、そうして得られる情報は編集されていて、ふるいにかけられている状態です。つまらなかったマンガの情報やイマイチだなと感じたお店の情報は削除され、価値ある情報のみが得られます。

相手が自分のことをそれなりに知っている人なら、さらにこんな風に聞くこともできます。「私が知っておいた方が良さそうなことありますか？」「最近こんな気分なんだけどオススメある？」。このように「今の私にとって必要なことは何か」と聞くことで、より一層高い精度で編集された情報になります。もはや個人的なコンサルティングの域ですよね。

久しぶりの人と連絡をとるのもお薦めです。久しぶりであればあるほど、その間にいろいろな出来事があります。就職や転職、結婚や離婚など、様々な人生のイベントがあります。質は量に比例しますから、母数となる時間が長ければ編集の質も上がって、密度の高い情報が得られます。そこまで合理的に考えなくても、単純に久しぶりの友人と連絡を取り合うのは楽しいですし、人間として豊かな行いですよね。

情報は人が集め、人が発信します。この原理で考えれば、「人と話すことで情報が集まってくる」というのは自然なことです。もちろん、情報は自分からも相手に提供する必要があります。「自分と話す時間が相手にとっても価値あるもの」でないと、次回は話してくれないですよね。一種のマナーとも言えます。

「情報は情報のあるところに集まる」性質がありますから、「情報を持っている人」というキャラクターができると、今度は相手から勝手に情報を持ってきてくれるようになります。

情報を浅く広く拾い、深く知るためのアンテナを広げ、人との会話を通じて編集された情報を得る。そうして結果的に楽しく情報を集めて「情報を持っている人」になっていくこと、それが「情報収集力」というスキルです。

市場理解力

市場（マーケット）を理解するにあたって、近年では便利なツールがたくさんあります。デジタルマーケティングの進化と共に、市場（マーケット）とのコミュニケーションは数値化されてきました。市場への意識は一部のマーケターや専門家に限られていましたが、ＳＮＳのアナリティクスなどによって生活者にも浸透し、市場理解への欲求は一般化されてきています。「市場について考える」ということがとても身近になってきていますから、市場理解力は今やあらゆるビジネスパーソンにとって必要なスキルになっています。

市場の動きは気分で変わる

市場というものは、ミズモノです。1分1秒ごとに変わっていきます。ですから「これってこうだ」というように決めつけるのは短期的には不可能です。10年スケール１００年スケールで、後から振り返って初めて正しく言語化できる性質のものです。

たまに、マーケティング的な視点で無理矢理に言語化された分析が独り歩きすることがあります。もっともらしくて理解した気にはなれますが、いざビジネスの現場に反映すると失敗します。

さて、そんな市場とはそもそもいったい何でしょうか。一言で言うと、「人の気持ち」です。まず、分かりやすく「人の関心」で例えてみます。

「人の関心」は１つのニュースだけで変わってしまいます。例えば芸能人の不倫スキャンダルがあったとします。テレビのワイドショーでも連日取り上げられネットでも炎上しています。では、それはいつまで続くのでしょうか。１週間でしょうか。一か月でしょうか。はたまた、その人が記者会見して反省するまででしょうか。実は明確な答えがあります。それは「次のニュース（ネタ）があるまで」です。

「有名な芸能人が電撃結婚した」「政治家の汚職が発覚した」「サッカー日本代表が大活躍した」など、他に世の中の大きな関心事があったとき、不倫スキャンダルから人の関心は失われ、結果としてメディアも取り上げなくなります。ニュースは必要な人にとっては情報になりますが、無関係の大多数の人にとっては、言わば井戸端会議の「話のネタ」に過ぎません。

ちなみに、ニュースは「メディアが取り上げるから世間の関心事になる」と思われがちですが、違います。確かに第一報はメディアから発せられますが、「その後そのニュースが継続的に報じられるかどうか」は世の中の関心度合で決まります。メディアは、世の中にニーズがあるから（ニーズがあると考えているから）報じているにすぎません。

ニュースを例にしましたが「どんなことが流行るか」「どんなニーズがあるか」など、市場の動きは「人の気分」で決まります。

たとえば、「美味しくておしゃれで映えるかき氷」をつくったとします。あらゆるマーケティング手法を駆使して、市場動向を分析し、効果的と思われる宣伝をしたとしても、寒い日が続けば売れません。仮に暑かったとしても、そのときに「かき氷マシンの衛生問題」が起きてニュースになっていたら、かき氷を食べに行く人は減るわけです。

世の中の事象を波として捉える

すごく移り気だし、刹那的だし、気分的なもの。それが「市場」です。私は、市場を理解するためには、「そこまでに至るストーリー」と「世の中の空気」を感じることが重要だと思っています。ではそのストーリーや空気はどう感じるのか。ひとつコツとして挙げられるのは、世の中の事象とその動きを「波や流れとして捉える」ことです。

世の中のあらゆる事象は、急に現れたり消えたりしません。すべてが流れのように繋がっています。流れは俯瞰で見ると、上がったり下がったり、進んだり戻ったりと「波」のような形をしています。

「波」には大きく二通りあります。ひとつは「流行りが終わったあと、しばらくすると似たようなものがまた流行る」という波。いわゆるリバイバルと言われるような現象です。ファッションなどでよく話題になりますから、イメージが湧きやすい

流行の波

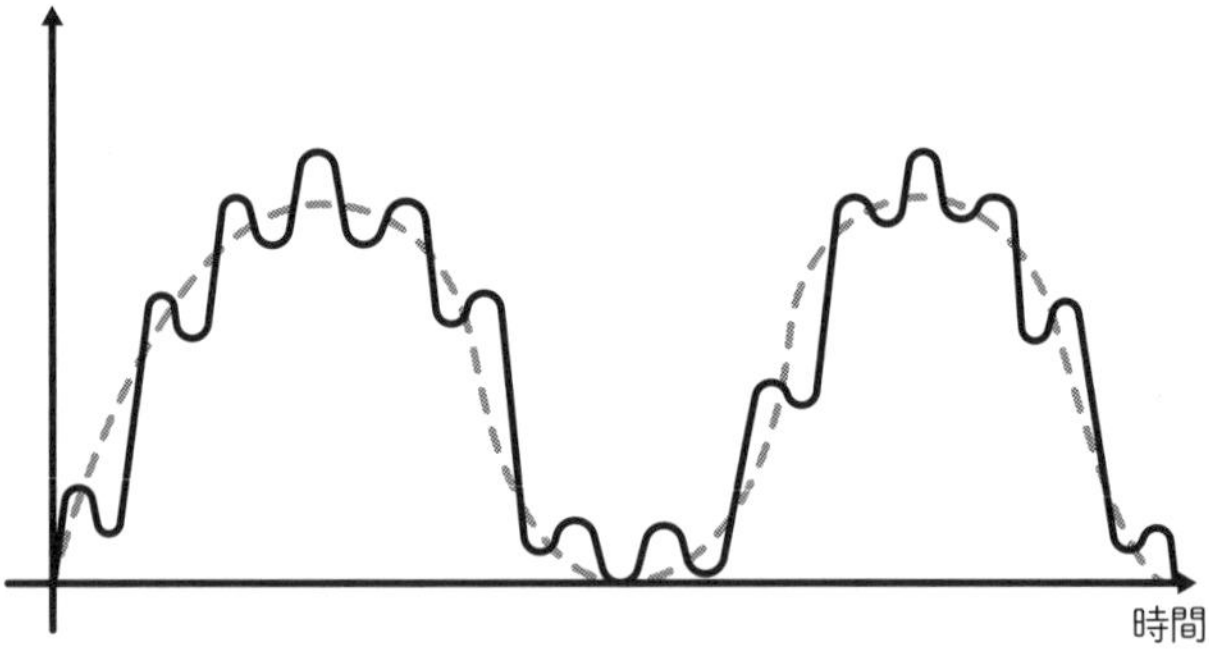

と思います。もうひとつは「派手の後には、地味」「明るいの後には、暗い」「角ばったデザインの後には、丸味をおびた形」などのように相反するものが流行る現象です。ある種の反動と言えますが、しばらくすると元のものが受け入れられます。これは「揺り戻し」と言われる現象です。

こうした「波」は、もっと引いてみるとさらに「大きな波」で動いてます。「大きな波」の中に「小さな波」があるのです。株価のチャートをイメージしてもらえば分かりやすいと思います。

たとえば本書のようなビジネス書で言えば、まずビジネス書が「売れる時期」と

「売れない時期」という波があります。その中に「自己啓発的なもの」が売れる時期と「テクニカルなもの」が売れる時期という波があります。さらにその自己啓発的な本の内容にも、「ガンガンいこうぜ」系の力強いメッセージが求められたり「あなたは一つだけの花ですよ、そのままでいいんです」系の包容力のあるメッセージが求められる、という波もあります。

他に分かりやすいところでは「アイドル」も多様な波で説明できます。アイドルという存在自体に「社会現象として盛り上がったり冷めたり」という大きな波があります。その波の中に「一人なのか二人なのかグループなのか」という人数の波もあったりします。キャラクターのつくり方にも、「手の届かない憧れとして存在するのか、身近で親近感が持てるキャラクターなのか」というような波もあります。このあたりはＡＫＢ48を例に様々な分析が記事化されていたので、目にしたこともあるかもしれません。

他には、一つの現象を複数の波で説明することもできます。たとえば、TikTokが流行るという現象には「常に新しいＳＮＳへ移行していく」という「人の居場所」の流れがあり、「可処分時間におけるタイパ重視」という価値観の流れもありま

流行は次の流行のフリになる

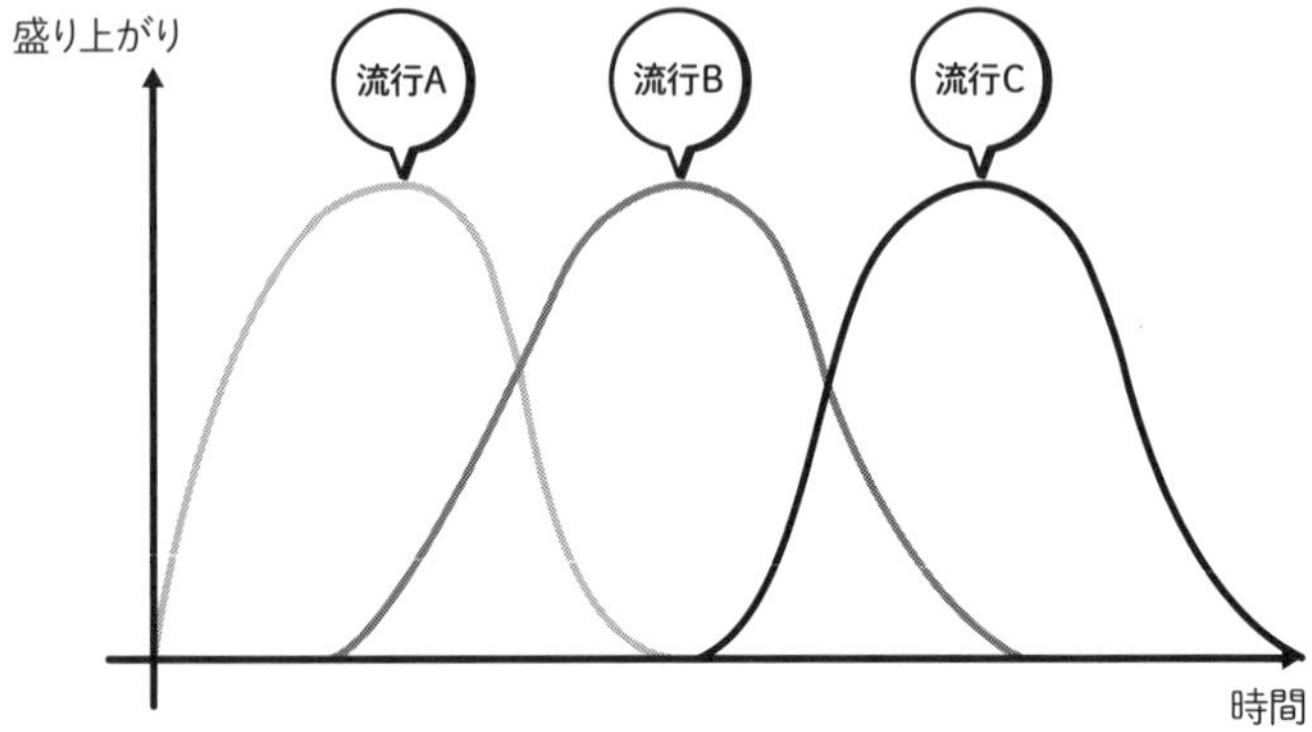

す。またコンテンツ論的には「ストック型とフロー型」や「能動的視聴と受動的視聴」の波も見て取れます。

このように市場を「波」としてとらえると、見えてくる特徴がいくつかあります。ひとつは「波が右肩あがりになっているときでも、社会のムードは減衰の気配が漂っている」ということです。こちらも株価と同じで、熱狂がピークに達した時点で、終わりのサインが出ていることが多いです。マーケティング的には「レイトマジョリティー[※01]が動き始めたらもう終わり」のような言葉で冷ややかに表現されることもあります。市場は刺激を求め続ける性質が

レイトマジョリティー[※01] 新商品の購入や新サービスの導入に消極的な消費者のこと。周囲の半数が受け入れるのを確認してから購入を検討する。

ありますから、反動で「飽きてくる」というのは必然的な展開です。

もうひとつ、見えてくる特徴として「1つのストーリーが熟したタイミングでは、別のストーリーが芽吹き始めている」ということがあります。「新しいことが始まるから以前のものが終わっていく」のではなく「流行ったものがあるから新しい何かが生まれている」のです。コンテンツプロデュースの視点では「何かが終わりかけている状況そのものが、次に流行る何かのフリ（伏線）になる」と捉えます。

こうした「人の気持ちで動く市場の流れ」を感じたことのある読者の方は、実は多いのではないかと思います。とりわけ自分の趣味や好きなことで感じる「あ、そろそろ流行りも終わるな」とか「そろそろみんな飽きてきてるし、あっち側に移行しそうだな」というような感覚です。しかも面白いことに、自分の中で「そろそろ終わるな」と確信があるときほど、世の中はなぜかそれに気付かずにいて「もうそろそろ終わりかけているのになんで買うんだろう」「そろそろあっちに移行するタイミングなのに、なんでまだ追っかけてるんだろう」と疑問に感じたことはないでしょうか。それが「世の中の空気を読めている」「市場の流れを掴んでいる」という状態です。

自分が市場を読めているのは、その物事が好きだったり得意なので、「無意識的に必要な情報が集められていて、適切な判断が出来ている」ということです。好きな物事に対しては、自分のアンテナが張られているので簡単に情報を拾えます。また、自分以外のユーザーとも日ごろから情報交換できていますから、「界隈[※02]」の生々しい空気を掴めているのです。

人と話して「感情」を収集する

では、自分が好きではない物事や、もっと大きな範囲の空気はどうやって掴めばよいでしょうか。よく推奨される方法としては「街に出て歩く」ということがあげられます。「新大久保を歩いて若者を観察する」「巣鴨を歩いて年配者の庶民的生活を観る」というようなことです。もちろんこれらはとても大事なことです。でも毎日はできませんよね。波や流れを感じるという意味では、毎日通わなければ変化に気付くことはできません。そこにいる人たちが「どんなことを感じているか、望んでいるか」まではなかなか分かりません。

界隈[※02]　ネット用語として、あるジャンルや分野のことが好きな人々の集まり。そのコミュニティ。

ではどうすればよいでしょうか。結局のところ「いろいろな人と話す」ことにつきます。

意外と思われるかもしれませんが、小学校や中学高校時代の古い友人と話すだけでも流れを読む助けになります。当時から10年20年も経てば皆それぞれの人生を送っているでしょう。地元にいる人もいれば、上京したり地方に移住する人もいます。住んでいるエリアも皆バラバラです。結婚して子供がいる人もいれば、独身だったり、バツ１バツ２の人もいます。老舗企業の御曹司もいれば、気ままなフリーターもいるかもしれません。

古い友人は、生まれ育った土地が近くて似たような環境を過ごしてきた人が多く、「市場へのリサーチ」という意味では不向きなようで、実は十分な多様性があります。むしろ社会人になって日々の仕事で接する人の方が、価値観や生活観の幅は狭くなります。

人と話すとき、「外的な事実」に触れることに加えて「内的な気持ち」に触れることが大切です。「お金があって裕福」という外的な事実があっても「社会的地位や家柄に縛られて窮屈な暮らしをしている」かもしれませんし、「田舎の古民家暮らしで経済的には豊かではない」状況でも、実は都会で精神的に参ってしまい「ようやくたどりついた自分らしい生き方をしている」のかもしれません。

また、時間の経過による変化もあります。スクールカーストで上位にいるような活発で目立つタイプの人が、地元の公務員になって静かに暮らしていたり、地味で物静かなタイプだった人が、都会の大企業でバリバリ活躍して派手な生活をしていたりします。そういう変化を知ったら「なぜ生活やキャラクターが変化したのか」「どういう理由で今の状況に至るのか」純粋に気になって聞きたくなりますよね。

何よりそうした変化の中で「過去と今に何を思うのか」「社会に対して言いたいことは何なのか」「どんなことに嫉妬しているのか」など、変化のプロセスや現状に対する気持ちを聞いてみれば、出てくる情報は山ほどあるでしょう。こういう話が人間社会のリアルな情報です。

情報は「感情を伴ったものにこそ高い価値」があります。そういう「様々な感情の集合が市場」です。生々しい感情にたくさん触れ「事象に対する感情を収集すること」それが「市場理解力」というスキルです。

やりたいことを言う力

やりたいことを語ってください。口に出して伝えてください。これだけでビジネスはもちろん、いろいろな事が上手くいきます。

やりたいことを語る人はあまりにも少ない

ほとんどの人は自分のやりたいことを口にしません。その理由は様々です。「実現しなかったら恥ずかしい」とか、大きなスケールのことだったら「非現実的なことだから取り合ってくれないだろう」といった気持ちが働きます。また、忙しかったり目先の仕事や生活に追われていたら「そんなこと言っている暇はない」というような気持ちになります。「やりたいことがないんだよ」という人も多いでしょう。「やりたいこと」は大それた夢や、将来のビジョンである必要もありません。「沖縄旅行したいな」「マンガ喫茶でだらだらしたいな」「推しのライブにいきたいな」

「身体を気にせずラーメン替え玉までいきたいな」。なんでもいいのです。「やりたいことを言う」ことにリスクはありません。お金も時間も減りません。それが実現しなくたって信用に傷がついたりもしません。それどころかポジティブなことがたくさんあります。

まず、「やりたいことを言う人がとても少ない」と言いました。つまり、やりたいことを言うだけで、他の人から一歩抜きんでることができます。ですから、うまく伝えようとする必要もなければ、理論武装して、饒舌に語る必要もありません。するとそのことに興味を示す人が出てきます。「あなたはそれがやりたいんだね」と分かってもらえます。やりたいことを口にすると必要なモノが自然と集まるようになって、「やりたいこと」が進むきっかけになります。

以前の私は、自分のやりたいことを積極的に口にするタイプではありませんでした。しかし、あるときから実現する可能性を無視して、とにかく「やりたいことを言いまくる」ことにしました。知り合いや友人に会うたびに口にします。すると、

「同じようなことをやりたい」と考えている人から声がかかってきました。人が集まってくると実現可能性が高まります。実現可能性が高まるとお金も集まりやすくなります。

たとえば、私がどうしてもやりたかった『ＡＤＥＬ33』という動画企画がありまず。ファンタジックなゲームバラエティーで少し変な企画です。いくつかの企業にプレゼンしたものの、やはり変な企画なので理解されずに5年間ほど実現させることができませんでした。自分のYouTubeチャンネルでやることを考えましたが、制作費に数千万円が必要になるので、自費でやるのは到底難しくなかなか実現の目途がたちません。そこで会う人会う人、片っ端から「この企画をやりたい」と話してみることにしました。企画と親和性がない人に対しても、ポカンとされながらも説明していました。

すると予期せぬところから「そういうことをやってみたかったんだ」「おもしろそうだから手伝うよ」と連絡が来るようになりました。こうなると企画が動き始めます。その経過をＳＮＳで報告しながら「本当はもっとこうしたい」「これが出来ればもっと良いモノになる」と言っていると、今度は「こういうものならタダで提供できますよ」「お金がボトルネックならスポンサーするよ」という人も現れるようになりました。本当に意外な方々からの協力です。こうして『ADEL33』は、有名人が多数出演する大きなスケールで実現しました。私が「やりたいと言った」ことで、それに気付いた人がいて実現したのです。

ここで強調したいのは、私が「スゴイ人」とか「優れている人」だから実現できたわけでは決してありません。「やりたいことを言う人」が極端に少ないから、とても「目立った」のです。

いつもやりたいことを言ってばかりいたので、最近では自分からやりたいことを伝える前に「これからどんなことをしようとしているの?」「今、何に興味があるんですか?」「どんなことを企んでいるんですか?」と尋ねられるようになりました。やりたいことを言い続けていると、やりたいことがどんどん仕事になっていきます。

やりたいことは自己紹介になる

ではここで、いま私がやりたいと思っていることを自己紹介を兼ねて書いてみましょう。

自宅トイレの壁紙を替えたい。歯をホワイトニングしたい。観たかったドラマを一気観して一週間くらい浸かりたい。沖縄でワーケーションしたい。父島でダイビングしたい。本格ゴーカートでサーキットを爆走したい。本格バギーで山中を爆走したい。F1をパドックパスで観戦したい。アナハイムに大谷翔平さんの試合を見に行きたい。オンラインサロンメンバーと海外視察ツアーをしたい。サンセバスチャンで飲み歩きしたい。子供が大騒ぎしてもよい高級レストランを出店したい。『インターステラー』のシネマオーケストラに行きたい。好きな曲だけ集めてオーケストラバージョンのコンサートを開きたい。有名じゃない神社やお寺をリブランディングしたい。トイレを主語にした「トイレカフェ」をつくりたい。「世の中のニッチなものを片っ端からランキングするメディア」を作りたい。「17歳の人だけが使える排他的な空間」をつくりたい。「この世に遺したいたったひとつだけのこと」

を1000字で1000人が書く本を出版したい。「一か所のバス停の映像」だけでトリッキーだけどエモい映画をつくりたい。『ADEL33』の続編をつくりたい。新しい「マーベル」みたいなクリエイティブブランドをつくりたい。過疎って困っている自治体を盛り上げるコンテンツをつくりたい。渋谷区を自ら稼げる自治体にしたい。街をつくりたい。都市をつくりたい。

いかがでしょうか。「変な人だな」とか「節操ないな」と思われた方もいるかもしれませんが、意外と私という人物に興味が湧いたのではないでしょうか。やりたいことがある人というのは、単純に魅力的に映ります。

そして、この本にやりたいことを書いたことで、興味のある人からきっと連絡がくると思います。そしてそういう人との出会いによって、いくつかは実現していくことになるのです。

私は自己紹介が苦手でした。本当に苦手でした。就職活動の自己PRはとにかく嫌でした。「学生時代、サークル活動をがんばりました」「アルバイトをがんばりました」なんて聞いている人は絶対に退屈だし「だからこんなことを実現する力があります」なんて、絶対そうは感じないだろうなと思っていました。社会人になっても自己紹介は苦手でした。起業後にはさらに困りました。苦手でも自己紹介できないと仕事になりませんし、紹介できる実績もないのです。そこで私は自己紹介を諦め、「これから私がしたいこと」を説明することにしました。すると、いろいろなことが大きく変わり始めます。どんな人でも、私の「未来の自己紹介」に興味を持ってくれるようになりました。

先ほど紹介した通り、私は「やりたいこと」のストックが常に数十個あります。そして場面に応じて、そのうちの2〜3個をお話するようにしています。「私は高瀬敦也です。私のつくったコンテンツを集めてディズニーランドのような世界観ゴリゴリのテーマパークをつくりたいです。F1とグランツールの開催を追っかけながら毎年世界旅行をしたいと思っています。家族や友人を集めて100世帯ぐらいのコミュニティで村をつくりたいです。」

これを聞いて、バカだなぁと思われた方もいるでしょう。ほぼ実現しない夢を語る中年ですよね(笑)。しかし、私のキャラクターは伝わりますし、価値観や人生観も伝わります。質問もしやすいですよね。一般的な自己紹介は「過去」を語るフォーマットでできていますが、この自己紹介に過去の要素はひとつもありません。「私はこれからこういうことをしたいと思っています」と伝えると、「この人はこういうことがしたいんだ。だったら、自分も一緒にやってみたいな」とか、「その分野に精通している○○さんを紹介してもいいかもな」と、同じ未来に向けたコミュニケーションが可能になります。

過去の話は、すでに完結していますが、未来の話は他者が入り込む余地がありま す。仮にやりたいことが一致しなくても、相手は応援したい気持ちになったり、わくわくしたりします。夢やビジョンをキラキラ語る人に出会うと、刺激も受けますし、「この人のやりたいことに付いて行かなければ、自分が損をするかも」という感情も湧いてきます。未来のことは誰にも分かりませんから、どんな人にでも可能性が開かれている以上、否定的な判断はしづらいものです。

「やりたいことを語る」ということは、「未来を語る」ということです。未来を語る人には、可能性を感じます。すると自然に情報と人が集まります。集まった情報と人は、やりたいことと直結していなくても、自分の資産として力になります。それが「やりたいことを言う力」というスキルです。

リーダーシップ力

リーダーシップは「経営者や役職者に必要な能力」と考えている人も多いと思います。しかし、役職者でなくともチーム内でリーダーシップを求められるシーンはよくあります。また、何か外注した仕事の場合は、受注側から見れば発注元の担当者はリーダーとも言えます。ビジネスパーソンであれば誰でも身に付けておきたいスキルです。

リーダーシップのアリナシは結果論

リーダーシップとは一般的には「統率力」「指導力」などと表現され「目標を定めチームをつくって成果を出す能力」というように定義されています。そして「分かりやすいビジョンを示したり、メンバーのモチベーションをコントロールして、その過程で起きる問題解決にも当たる」というようにも説明されています。言われれば、その通りだと感じます。でも本当にそうでしょうか。

私はたくさんのリーダーと接してきました。友人の経営者や、受託元や外注先の責任者、コンサルティングを通して関わる社長。また、その部下や従業員とも同時にコミュニケーションをとるケースが多くありました。その中で感じたのは、一般的なリーダー像であっても、成果に結び付かなかったり社員がついてこない会社があるし、逆にいい加減なリーダーでも、部下に慕われ、高いモチベーションで動いている組織があるということです。

「リーダーシップとは何か」いろいろと考えてみて思うのは、リーダーシップは「ただの結果」なのだということです。リーダーシップがあるとかないとかは結果論です。部下や同僚が「〇〇さんにはリーダーシップがある」と感じれば、リーダーシップがありますし、「〇〇さんにはリーダーシップがない」と感じれば、ありません。リーダーシップとは本質的に「自分ではコントロールできない他者評価」です。

私の友人の経営者は、リーダーシップを発揮しているときと、発揮していないときがあります。でも、その会社は毎年増収増益で成長しています。社員も満足して働いているようです。リーダーとして「いいからこうしろ」ということもあるし「よく分からないからまかせるよ」というときもあります。社員は彼の威厳を感じつつも、仕事を任され経験を積んでいきます。彼の二面性が成長エンジンになっています。彼のリーダーシップは結果として非常にバランスが取れているのです。

リーダーシップは、一般的には「ぐいぐい引っ張っていく力」と思われます。なよなよしていて自信がなさそうな人は、リーダーに向いてないと思われるでしょう。しかし、組織を動かすために、あえて馬鹿なフリをしたり、あえてポンコツぶってみることが、必要なときがあります。もっと言えば「フリ」ではなく本当にポンコツでダメなほうがリーダーに相応しいときもあります。

「誰が言ったか」で反応は変わる

優れたリーダーのとるべき言動は人によって異なります。同じシチュエーションで、同じ言葉で、同じように指示をしたとしても「誰が言ったか」で人の反応は変わるからです。

分かりやすい例では政治家や有名人の失言があります。普通は炎上して大問題になるような極論や暴言も、意外とスルーされていて「あれ？」と感じたことはないでしょうか。考え方やイデオロギーの異なる人からは「許せない」となっていても、ほとんどの人が「あの人の言ってることだからしょうがない」「あの人だったらそんなことも言いそうだよね」と受け止めていることはよくあります。カリスマ性や実績がそう感じさせるときもありますし、周りの優秀なスタッフが火消しをしていることもあるでしょう。しかし根本的には、キャラクターがその発言の許容度を決めています。「誰が言っていたか」で受け手の印象はまったく違います。

私は長い間、テレビのバラエティー番組を作ってきました。たくさんのタレントさんや芸人さんと関わってきました。つくるときには、面白く楽しく観られるようにいろいろ考えます。そこで大切にすることのひとつに、「それぞれのネタやトークを誰が担うか」ということがあります。例えば「この話は誰が言ったら楽しく聞けるのか」「このネタは誰がプレゼンしたら説得力があるのか」「この問題は誰が仕切ったら嫌味なく受け入れてもらえるのか」と考えます。話やネタの起点はもちろん、「そのリアクションは誰がするのがよいのか」までも考えます。これは話の内容の伝わり方が「キャラクター」で決まるからです。

人は物事を判断するとき内容や事実で考えません。そのときの表情や場の空気などで判断します。アルバート・メラビアンという心理学者の研究では「表情やしぐさなど視覚情報での判断が55％、話し方などの聴覚情報での判断が38％で、内容などの言語情報での判断はたった7％にすぎなかった」というデータもあります。

では、自分のキャラクターをどのように判断すればよいのでしょうか。それは自分では決められません。周りや社会が決めます。

そもそも私は「この世に自分なんてキャラクターは存在していない」と考えています。「え?・」と思う方も多いでしょう。人は社会で生きています。「社会との関わりで存在している」ということは「他者の認識する自分がすべて」です。「自分は他者が認識することで存在」しています。量子力学では「非実在性」という考え方がありります。これは「観測以前には状態が決まっていなくて、観測によって状態が決まる」というものです。端的に言えば「この世のモノは見るまで存在しない」という考えです。「自分という存在は周囲が決める」ということは、実は真理です。

ですから「他者が認識するキャラクターを素直に受け入れ、その人格に期待されることを意識する」ことは、社会で生きる上でとても大切な考え方です。こう考えると「自己認識とのギャップで生じるストレス」がなくなりますから、精神的にも楽になります。

そのためには周囲の人に「自分がどういう人間と思われているか」聞いてみることが大切です。自分自身の認識との意外なギャップに驚くと思います。もちろん関係性によってその印象は違うでしょう。たくさんの人に聞いてみてください。少し勇気のいることですが、慣れてくるとちょっと楽しいと思います。

リーダーシップはそれぞれのキャラクターで

それでも自分を俯瞰で認識するのはとても難しいことです。ここで「自分と他者の関係構築に有用な方法」をお伝えします。それは「とにかく自分を解放する」ということです。分かりやすく言えば「自分の欠点や苦手なところを披露する」ということです。

たとえば、私は小心者です。人と接するのが苦手です。そのくせ寂しがり屋です。孤独にたえられません。細かいことが気になります。お腹をすぐ下します。ええかっこしいです。できれば誰からも嫌われたくありません。いい中年ですが「年下の人に慕われるいいお兄さんキャラ」に憧れています。それが空回りしてうまくいかず勝手に落ち込んだりするときもあります。

いかがでしょうか。ほんの数行ですが私のキャラクターがすんなり伝わったと思います。このように「少し恥ずかしいと感じている部分」を披露すると接触のハードルが下がります。またネガティブな要素の方が共感性が高いですから、人格としても受け入れやすくなります。最近私が初対面の人に伝えて好評なことがあります。それは「私は人を見る目がない」ということです。経営者としてもプロデュース業をする上でも致命的な感じがしますよね。しかし、他の経営者やプロデューサーにとても共感されます。そういう人ほど信頼していた人に裏切られたり、意外な人に助けられた経験があるからでしょう。

会社員をしていると、突然の異動で役職者になるケースもあります。すると、いきなりリーダーシップが求められます。しかし、リーダーになったとき「こうありたい」と考える自分のリーダー像に寄せるのは逆効果です。「こうありたい」というリーダー像と周囲が認識しているキャラクターが乖離している場合、チームのメンバーはその乖離に困惑します。また、リーダーシップには「強さ」が必要と考え、リーダーになったとたんに強さや威厳を保とうとする人も多くいます。ですが、キャラクターに合ってない場合、部下からすると接し方が分からなくなります。意図せずパワハラ、モラハラと受け取られる可能性も高まります。

そもそも「リーダーシップを発揮しなくちゃ」「リーダーシップ力をつけよう」と思っているリーダーってどうでしょうか。もうその時点でリーダーらしさもなければリーダーの資質もなさそうですよね。でも、もう一周して「リーダーシップを発揮しなくちゃと思っているリーダー」と開けっぴろげに表現していたら、それはそれでポンコツで必死な感じがかわいらしいですし、その人がリーダーっぽくいるために少し応援してあげたくなる人も増えそうです。

欠点は早めにシェアする

リーダーシップをとる上で、一番の武器は「愛されること」です。これはリーダーのみならずだと思いますが、実はこれからの時代に必要な考え方です。組織より個人が強い時代です。個人は組織のために働くのではなく、組織が個人のための存在になりつつあります。そのような中で組織の推進力になるのは「個人としての動機や心持ち」です。「あの人についていきたい」「あの人のために働きたい」という動機は個人に紐づく感情です。この個人の想いが組織のエネルギーになります。

欠点や恥部は愛されるための武器になります。自分で欠点だと思っていることは、他人にとっては驚くほど「どうでもいいこと」です。いずれ露呈する欠点を、隠したり取り繕うほど情けなく映ります。これはリーダーとして致命的です。武器となる欠点は、隠していると危険な爆弾になります。しかも隠せば隠すほど爆発力が大きくなりリスクが増します。「欠点をさっさとシェアする」ということはリスク回避にもなります。リスクコントロールはリーダーとして大切な仕事ですよね。

私が尊敬してやまない「お笑い芸人」という存在を例にあげてみたいと思います。近年のお笑いは「ポンコツ」と「ツッコミ」で成立しているケースが多くありますが、ポンコツの役割を担う芸人さんのキャラクターがとても個性的です。その中には自己中心的な振る舞いをする「クズ」といわれるキャラクターもいます。念のため言っておきますと、本書では「ポンコツ」や「クズ」は「希有な才能あふれるキャラクター」として敬意を込めて表現しています。そうしたポンコツやクズの立ち位置にいる芸人さんは愛されています。

彼らが本当にそういうキャラクターかどうかはともかく、「クズ」は一般社会やビジネスシーンではなかなか受け入れられないキャラクターです。しかし、それを観る人は笑っています。彼らのキャラクターを受け入れていますし、好きな人も多いです。それはなぜかといえば、彼らの欠点や性格的に尖った部分を「とてもよく知っているから」です。

まだ無名に近い状態でテレビに出ているときには、性格の悪さや突き抜けた言動は決まって批判にさらされます。「性格悪いね」とか「気持ち悪い」とか言われたりもします。しかし、徐々にそのキャラクターが浸透していくと嫌悪感は薄れ、むしろ愛されていきます。一般的には「悪い」と言われる言動にも抵抗感がなくなり、その「悪い行い」を期待されるようになってきます。

自分の良いところも悪いところもさらけ出して、チームのメンバーに「自分はこういう人だ」と知ってもらうことはとても健全です。そうすることで、周りは「あ、こういう人なんだ」と理解した上で接してくれます。また同様に、メンバー間でも「自分でネガティブだと感じているところ」を共有できるとチームとしては理想的です。

リーダーに求められるのは、「こうありたいリーダー像」に寄せることではなく、自分をよく知ることです。「自分がどう思われているか」聞き、他人から見える自分を意識することです。そして欠点も含めたキャラクターを愛してもらって、そのキャラクターに期待されているリーダーとして行動すること、これが今の時代における「リーダーシップ力」というスキルです。

紹介され力

私はたくさんの人に紹介されます。これは本当にありがたいことです。ビジネスは人がすることですから、人との出会いですべてが変わります。では私がなぜたくさんの人を紹介してもらえるのか。それは私が優秀だからとか有名だからとかではありません。単純に「紹介しても大丈夫だから」です。

「紹介しても大丈夫な人」になる

私が尊敬する大手ＩＴ企業社長の竹谷さんにはよく誘っていただきます。だいたい3～4人の会です。参加者は毎回、なかなか接点をつくれないような大物ばかりです。ある日「なんでいつも誘ってくれるんですか」と聞いたところ「誉め言葉として聞いて欲しいんですが、高瀬さんは本当に安パイなんですよ」「ちょっと気を遣う相手のときに、失礼じゃなくてそこそこ情報持ってる人ってなかなかいないんですよね」と言われました。

私がコミュニケーション能力が高いということではありません。さきほどお話しした通り私は小心者なので、初対面の人と会うときはものすごく緊張します。紹介してくれる人の顔は絶対に潰せないと思います。〝ええカッコしい〟でもあるので、その会食メンバー全員に嫌われたくありませんし「いい人だと思われたい」と考えてます。ですから会食に来る人の情報は出来る限り集めます。著書や動画があれば出来る限りチェックします。ですから著書が何冊もあったり動画をたくさんアップしているYouTuberだと困ります（笑）。

ともかく、紹介者する側の立場で考えると、とても優秀だったり有名人だとしても、場を乱すような発言や相手を不快にする人は呼びませんよね。紹介は〝する側〟に大きなリスクが伴います。たとえば彼氏が欲しい友人がいて、誰かを紹介したとします。その人が実は遊び人で不誠実で、友人が傷ついたとします。友人に悲しい想いをさせてしまうのはもちろん、これが原因で大切な友人関係が壊れてしまうかもしれません。

また、「人を誰に紹介するか」というのはセンスが問われます。竹谷さんのことを「さすがだな」と思うのは、私とのマッチングに意味がなさそうな会には誘わないところです。そして自分からはアピールしづらい実績やセールスポイントを同席者にしっかり説明してくれます。全員をまんべんなく褒めながら、メンバーが繋がることで広がるビジネスの可能性を例示してくれます。完璧ですよね。その後ビジネスに繋がるかどうかはさておき、有益な情報を交換できたり、刺激を受けたり、少なくとも「その場に行ってよかったな」と感じます。

このマッチングセンスがないとビジネスセンスがないと思われます。ビジネスというもの自体が、人や技術のマッチングで創造されます。ですから紹介する場面でのマッチングがいい加減すぎるとビジネスパートナーとして疑問符を持たれてしまいます。

紹介され者責任

このように紹介には責任が伴います。「紹介者責任」という言葉もあるくらいです。

ここで改めてお話したいのは「紹介する側に責任があるように、紹介される側にも責任がある」ということです。ここは意外と見落とされがちなポイントです。

紹介というシーンは、ビジネスにおいてとても重いものです。「あの人の紹介ならちゃんとした人だろう」「あの人の紹介だから時間を割いて会ってみよう」という紹介する人の信用があるからこそ、知らない誰かに会えるのです。信用は一朝一夕でできるものではありません。紹介者が時間やお金を費やし築いてきた信頼関係の土台で成立している機会です。仮に相手に不快な想いをさせてしまったら「信用していた人からの紹介だから時間をつくったのにな。あの人意外とセンスないのかも」と紹介者の信用度を下げてしまいますし、紹介者と相手の関係も壊しかねません。

そして、紹介という場面は、難しいことに「相手が不快な思いをしていたとしても、それに自分は気付きにくい」という性質があります。相手は紹介者の顔を立てようとしますから、その場で責めるようなことはしませんし、意味のない紹介だったと感じていても「すてきな人を紹介をしてくれてありがとうございます」と言って帰ります。優秀な人ほど、合理的ですしムダなリスクは避けますから、自分の本音を悟られないように礼をつくします。また、紹介の場には何かしら目的や意味がありますが「紹介者の期待に応えられているか」の判断も難しいものです。

このような話は、経営者やフリーランスの人なら比較的共感できる場面だと思います。一方、会社員の人はどうでしょう。特にこの場面が「上司に連れていかれた会食」だとどうでしょうか。新たに担当するクライアントができたとき、前任者や上司と共に会食する場面はよくあります。会社員のイチ担当ですから「自分が任命されたことにどこまでの意思があったのか」も定かではありませんし、相手が「自分にどこまで期待してくれるか」も分かりません。ですから、その会食の場は「あくまで顔合わせに過ぎないし、その後もイチ担当として仕事をこなせばいい。」そう考えても仕方ありません。

大きな会社であればあるほど、自分のパーソナル部分とは乖離した紹介になる可能性も高いでしょう。しかし、「紹介者に責任があり、紹介される側にも責任がある」という本質的な構造は同じです。むしろ、そういう無機質で日常的な会食の場面でこそ、「双方の信用の上でこの場がある」という意識で臨むと一目置かれます。なぜなら、単純にそういうスタンスで紹介を受けている会社員がほとんどいないからです。これは会社のためではありません。自分自身のためです。「組織から精神的に独立すること」は自由を手に入れるために必要です（無所属力のところで詳しくお話しします）。組織で受ける紹介を、そのままイチ組織人として受けるのではなく、「個人の人格で受けようとする意識」はその第一歩になります。

やや固い話になってしまったので、少し打算的な言い方もしておきます。「紹介され力」があると営業コストがかかりません。新たなビジネスやパートナーをつくるとき、ほとんどの場合は営業活動が必要になります。営業は、まず適した相手をさがすところから始まりますが、見つかっても会ってくれるか分かりません。会えたとしても提案に興味を持ってくれるか分かりませんし、最終的にパートナーになってくれるか分かりません。

紹介はこの工程のうちほとんどの部分は省くことができます。階段を一段ずつ登るところをエレベーターで上がる感覚です。お金もかかりませんし労力も少なくすみます。「自分のことを知らない無信用の状態」で人と話すことはストレスもかかります。とにかくいろんな部分でコスパがいいのです。

また、「紹介され力」を勘違いして「紹介してほしい」と安易に頼む人がいます。それは「紹介者責任」を理解していない行いです。たとえば、「友人でもない、一度仕事で関わったことがあるくらいの人」から数年ぶりに連絡が来て「〇〇さんを紹介してほしい」と突然言われたらどう感じるでしょうか。あまり紹介したいとは思いませんよね。仮に自分がよくても、相手に説明のしようがありません。紹介は「人の信用を丸ごと基盤に、更なるチャンスを得ること」です。これはあまり言語化されてない、見落とされがちなマナーとも言えます。

「紹介され力」は「紹介したいと思わせる力」です。紹介したいと思わせるのは難易度が高いことのように思われがちですがそうでもありません。「紹介しても大丈夫な人、安パイな人」になるように心がけるだけです。「紹介され力」のある人は、人を紹介するのも上手になります。それはビジネスマッチングのスキルそのものです。「人の紹介には責任がある」と認識することで、結果的にコスパ良く自分のビジネスに繋げ、組織からの精神的独立に繋げていくこと、それが「紹介され力」というスキルです。

甘える力

まず、最初に「もっと甘えて良い」と思います。真面目な人ほど「甘えたら迷惑なんじゃないか」と考えます。手堅いタイプの人は「むやみに甘えると借りをつくってしまう」とも考えます。人に甘えることは、家族や親族、長い付き合いのご近所さんには許されても、ビジネスの現場ではなかなか使えないコミュニケーションのように思われているかもしれません。

しかし、大きな成功を納めている人や、心底ビジネスを楽しんでいる人ほど、この「甘える力」を軽やかに使いこなしています。それはもう本当に華麗なほどです。この「人に甘える」という言葉は、考えれば考えるほど、奥深くちょっと戦略的で、でも温かみがあって素敵な言葉だなと感じています。

甘えることで能力を拡張する

なぜ人に甘える必要があるのでしょうか。まず、「人が一人でできることは限られているから」です。ビジネスではなおさらです。能力的にはもちろん、時間的にも限界があります。色々なことをやろうとしたり、生産力を上げようとすればするほど、誰かの力が必要です。それでもほとんどの人は、まず「自分一人でスタート」します。そして「なるべく自力でやって足りないところを他人に頼ろう」という順番で考えます。ですから、まず、どんなことでも「可能なら自分ですべてをやり遂げる」という考えを捨てて、「必ず誰かを頼る」と考えてスタートすることをお薦めします。

また、「頼る」という言葉だと相手の都合を考えすぎたり、貸し借りを考えたり、人によってはプライドが邪魔するなんてこともあるかもしれません。ですので、「頼る」「お願いする」のではなく「甘える」という言葉に置き換えるとハードルが下がります。なにかするときは「必ず誰かに甘える」つもりでスタートしてしまうのです。

そう考えると、まず自分のキャパシティーを考えずに済みます。何かはじめるとき、多くの人が自分のキャパシティーを考えて、その限界から逆算をはじめてしまいます。「能力的にそんなノウハウがない」とか「時間的に忙しいからできない」と考えるのがオチです。誰かに甘えることを前提にすると、能力も時間も理屈的には無限に拡張できます。無限に拡張できると思えば、さまざまな挑戦に対して柔軟に対応できるようになります。

また、キャパシティーを拡張すること以外に、自分では気付かなかったアイデアやヒントを得られます。これは「人を巻き込む」という物事の進め方で、詳しくは前著『企画』でお話しているのでよろしければ読んでいただければと思います。「巻き込む」というニュアンスは、「自分がすることの伴走者だったり当事者にまでなってくれる」ということです。

ほとんどの人は、人の能力は「個の中にあるもの」と認識しています。しかし、実際に人の能力というものは「周囲にいる人たちの能力も含めた総合力」です。たとえば有名な建築家はたくさんの建物をつくっていますし、有名な料理人はたくさ

感情移入の差

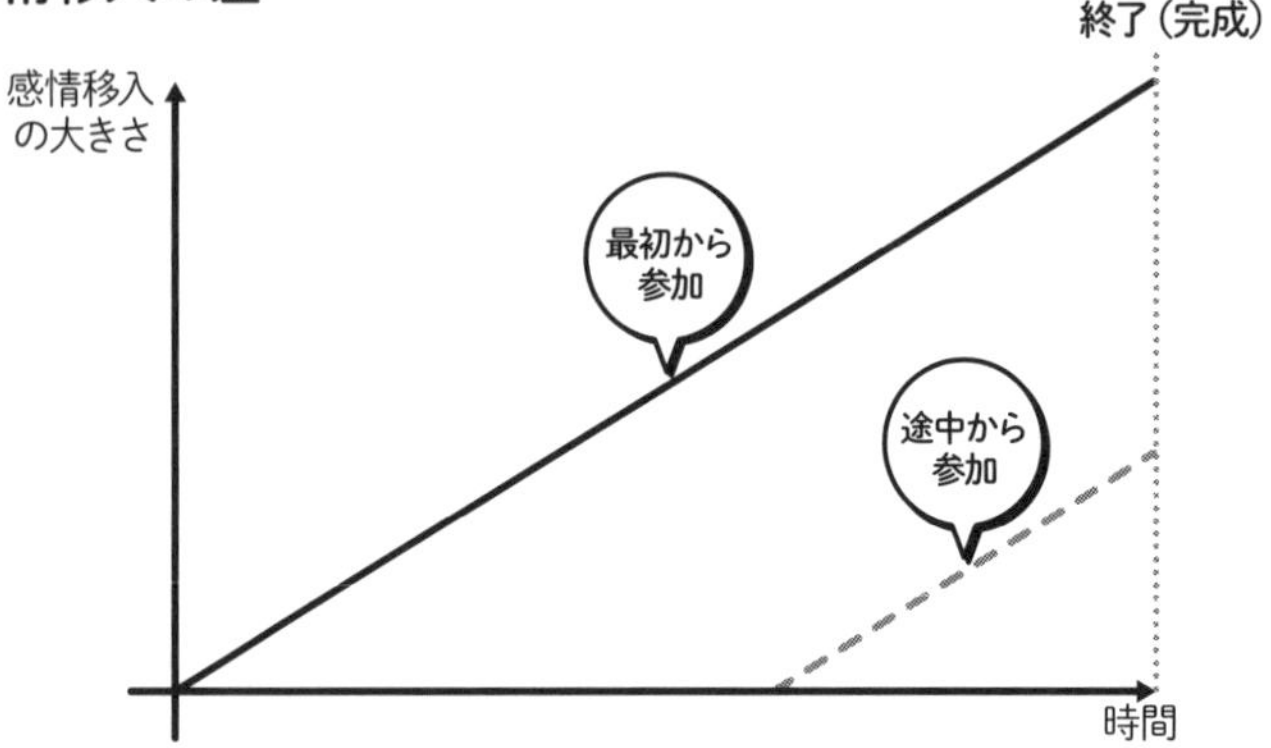

んのお店を開いてたくさんのお客さんをもてなします。でも、すべてその有名人の個人の能力で完結していることはありえません。映画も分かりやすい例でしょう。撮影技術やCG、セットのデザインや構築、そして宣伝など様々な人のノウハウが提供されています。でも多くの人には「〇〇監督の作品」と認識されます。

　このように、キャパシティーはもちろんですが、アイデアやノウハウなども周囲の人が提供している場合が多くあります。でも世の中の人は、出来上がった映画や建物や料理は「〇〇さんの成果だ」と個人の能力として認識します。人を巻き込んだ仕事は、結果として個人のノウハウや財産にもなっていきます。

ちなみに、人を巻き込むにあたってはスタート時点に近ければ近いほど効果的です。何かプロジェクトに参加するとき、「最初の方から参加する」のと「終了間際や完成直前に参加する」のでは参加意識が変わりますよね。早くから関わった事柄に対しては、それだけ自分の意思が反映されたものと認識されて感情移入します。

「甘え甘えられる」という相互関係

念のため確認しておくと、何か人に頼み事をするとき「インセンティブや条件をつけて合意を得る」のが一般的なビジネスマナーです。まずこれは大前提です。ですから甘えるときは「私はあなたに甘えさせていただいてます」と、明示することが重要です。台詞としては、「甘えさせてもらっていいですか？」という感じでしょうか。何の理由もなく甘えて頼むと、不思議と純朴さが評価され、損得なしの関係性が生まれやすくなります。一方、インセンティブありきの依頼は双方の利害を調整する交渉になります。ちなみに、人は「達成感や満足感を得るための自発的行動」に対して、金銭などの報酬を受けると、次第に「報酬を受けること自体」が目的となり、やる気や意欲が低下します。これを心理学で「アンダーマイニング効果」と言います。

前提として、甘えられることを嫌がる人はそう多くないと思います。双方に「私はあなたに甘えています」「私はあなたに甘えられています」という認識があるという状態は健全な関係ともいえます。「甘える」と「甘えられる」という相互関係が構築されることにより「なぜ頼まれたのか」「なぜ頼んだのか」という問いがなくなります。貸し借りの観点から見ても、理屈を超越した感じがします。

ただ単に「これをやって」「ＯＫ」と交わされる会話は、それ以上の何かを生み出すことはありません。「自分はあの人に甘えている」「自分はあの人に甘えられている」という共有認識があることに意味がある、という点を強調しておきたいと思います。

甘えるというのは「私はあなたを必要としています」「あなたと継続的な関係を

構築したい」「元々あなたとは良い関係ができていると考えています」という意思表明です。冒頭で「人に甘えるということは、家族や親族、長い付き合いのご近所さんには許されてもビジネスの現場ではあまり使えないと思われている」と言いました。裏を返せば「あなたを親族や馴染みのご近所さんのように親近感を持っています」というラブコールです。

「甘える甘えられる」という関係からは、余計な損得抜きに一人では生まれ得なかったものがこの世に放たれていくことになります。一人で考え、理屈ありきの関係性で進む仕事よりも、はるかに経済合理性が高いのです。

そして、甘えるというのは「自分の無力さを知る」ということでもありますし、「人のありがたみを知る」ということでもあります。甘えることによって、人との結び付き、社会との繋がりは多く太くなります。これは自分の心にゆとりを生みますし、いざというときの心の支えになります。これが「甘える力」というスキルです。

傾聴力

「傾聴力」は最近のビジネスシーンでよく出てくるワードのひとつです。傾聴力とは何でしょうか。「耳を丁寧に傾ける」とか「内容をしっかり理解し咀嚼して、感想を述べること」のようなイメージかと思います。

私は映像やイベントを制作する裏方の仕事をしていますが、たまに出演者としてMCの仕事をすることもあります。MCをした後、ゲストの方に「高瀬さんは傾聴力が高いのでとても話しやすかった」と言っていただくことがあります。でも、懺悔すると私はMCをしているとき、実はゲストの方々の話をそれほどしっかり聞いていません（笑）。「次の話をどうするか」「他のゲストへ話をどう振ろうか」、ディレクターの指示を見たり、配信時間を気にしたりしています。ですので、ゲストの話は、聞いているフリをしているのが精一杯です。

そこで「傾聴力とは何なのか」改めて考えてみました。私がMCや進行をしているとき、考えているのは「その番組やイベントが円滑に進行し完了すること」です。そのためには「出演者に気分良く居てもらい、場の雰囲気を良くすること」が必要になりますから「話したいことを気持ちよく話してもらうこと」を意識しています。仮に、話し手の内容を深く理解できていたとしても、それに対するリアクションが話し手の気分を害して場の空気が悪くなり、その後のトークが進まなかったとしたら、それは傾聴力があるとは言えませんよね。

私はコンサルティングの仕事もしています。業種は様々です。映像、広告、芸能、住宅、不動産、建築資材、観光、パチンコ、ゴルフ場、製菓、スーパー、酒造、ジュエリー、ブライダル、M＆A、ソフトウェア開発など多岐にわたります。内容も、広告、商品開発、新事業企画、社員教育、採用など様々ですが総じてコンサルティングと言うよりはアドバイザーやメンターに近く、分かりやすく言えば「悩み相談」や「愚痴聞き」です。社長やオーナーはもちろん、事業責任者や現場社員と話すときもあります。課題に対して具体的な解決策を一緒に考えますが、課題が明確になっておらず、何が問題なのか分かっていないときもあります。ビジネスシーンでは「壁打ち」と言われますよね。考えを整理するためのやりとりです。他にもそういう場面を数えきれないほど経験し、身に付いたことや意識して良かったことを3段階で整理してみました。

傾聴するということは「相手の話の内容を理解すればよい」ということではありませんし、ましてや「自分がいかに相手の話を理解しているかをアピールすること」でもありません。「私は傾聴力がありますよ」という謎のアピール合戦になってしまうケースはビジネスシーンでたまに見られます。だからと言って「ヘラヘラして事なかれ主義でいればよい」ということではありません。そのあたりを以下でお話したいと思います。

相手に喋らせる

第一段階は、「喋らず相手に喋らせよう」です。シンプルに「相手に喋らせて、気持ち良くなってもらうこと」「自分はなるべく喋らないようにすること」です。多くの人は「自分が話をした時間や割合が長いほど満足」します。

その際、相手と同じ言葉を繰り返すいわゆる「オウム返し」をすると「あなたの話をちゃんと聞いていますよ」というメッセージになり、相手は「自分の話が受け入れられている」という安心感を覚えます。これは心理学におけるバックトラッキングという技術です。

また、マナーやビジネスの基本で「人の話は最後まで聞こう」ということはよく言われると思います。話が長い人との会話は「つまらないなぁ」「退屈だなぁ」と感じますよね。「時間のムダだな」と感じて話の終わりが待てず、つい結論誘導をしがちです。気持ちはとてもよく分かりますが、これらは大きなリスクがあります。話し手の伝えたい結論とまったく同じということはありません。微妙な差だったとしても相手は「自分の話が伝わっていない」と感じて、不安になりストレスを感じるので注意が必要です。

相手に「気持ちよく話せるなぁ」という認識ができると「この人といると、居心地がいいな」と感じます。心理的安全性が知らず知らずのうちに構成されていき、信頼関係が生まれます。

本当は何が喋りたいのか

第二段階は、「本当は何が喋りたいのかを聞き出そう」です。「いま何に対して興味関心があるのか」「どういうことに不満を感じているのか」など予測して、質問を投げかけます。質問とは、一般的なコミュニケーションでは「自分の疑問を解消するためにするもの」です。しかし傾聴力という意味においては、質問は「自分のためではなく、相手のためにするもの」です。すると、第一段階の「ただ気持ち良く喋らせる」レベルを超えて、相手が「喋りたい内容」を話せるようになります。すると、相手はすっきりした気持ちにもなれますし、自分の考えが言語化できたことで達成感も得られます。

喋り足らないことにまでフォーカスを当てて、お膳立てしてあげる。会話のキャッチボールではなく、トスバッティングのようなイメージです。打ちやすい所にボールをポンと投げてあげて、スカッと気持ち良くなってもらう。相手がコミュニケーションに敏感なタイプの場合は、強い好意も持ってくれます。

「眠っている考えや想い」を掘り起こす

第三段階は「潜在的に話したいと思っていることに気付かせよう」です。人は、自分の奥深くに「眠っている考えや想い」が埋まっているものです。それらはほとんどの場合、人との会話や社会に発信される誰かの言葉をきっかけに、「そうだ、私もそう思っていたんだ」と気付きます。

また、言いたいことがあっても言う機会がなく、自分の中で芽生えたアイデアや考えが、誰かに伝えられないまま忘れてしまうことはありますよね。そんな「潜在的なところで眠っている思考を掘り起こす会話」はとても喜ばれます。

このように、頭の中で「もやもやとしている整理できていない考え」や「本当は世に出したかったのに埋もれてしまった思考」を、こちらの働きかけによって言語化できるように導くのが本当の意味での「傾聴力」です。

そもそも人は「自分の中にある願望や考え」をあまり言語化できていませんし、顕在化させて認識できていません。そこまでひとつひとつのことを丁寧に自己認識する必要がないとも言えます。すべて言語化して意識しながら生きているのも面倒くさいし、しんどいですからね。しんどいから気付かないようにしているとも言えます。広告やマーケティングの世界では、潜在意識に訴えかける手法は常套手段です。そうして獲得した顧客はファン化し、忠誠心も高くなる傾向があります。潜在意識を引き出してあげるようなコミュニケーションは、信頼関係の醸成において有効な手段なのです。

「文脈を読む」クイズ

傾聴力の中には「文脈を読み取る力」が大きく存在しています。文脈を読みとる力とは、簡単に言えば、その場で言われていることだけでなく、その前後に隠されたメッセージを読みとる力です。よく「行間を読む」と言われたりもしますよね。

傾聴力のある人は、この文脈の理解に努めています。相手がムカついている表情をしているとき、この人は「ムカついている」という感情を伝えたいわけではなく、「どうしてムカついてしまうのに至ったのか理解してほしい」、もっと言えば「解決したい」「本当は仲良くしたい」という将来的な目標を暗示しているケースがあります。そこには、過去から未来までの文脈が存在しているのです。そうした文脈を考慮すれば、食事に誘って、誤解を解くこともできるでしょう。そのためは、その人の性格や性質に興味をもち、リサーチをすることも有用です。

こんな風に分解して説明すると「めんどくさいなぁ」と感じるかもしれません。もちろん、どうでもいい相手にそこまでする必要はないでしょう。でも、自分にとって必要だったり、深く理解したい相手の場合には、傾聴力はコミュニケーションの心強い道具です。「文脈を考えろ」とか「行間を読め」と言われるとウッとなる気持ちは分かります。そういうときはクイズだと思ってください。表情や背景にヒントがあり、隠れたメッセージを当てるクイズです。

日本はハイコンテクストな文化の国です。「暗黙の了解」や「阿吽の呼吸」などのように、知識や感覚などの共有があることを前提として言葉以外でコミュニケーションを行う傾向があります。これに加えて、「受信者責任か」「発信者責任か」を把握しておくことも傾聴力を理解する上で便利です。日本では、発信者側が分かりやすく説明すべきところも、「受信者が文脈を読みとることが当たり前」という社会通念がありますよね。そもそも傾聴力という概念自体が、「受信者責任に重きを置くとても日本的な考え方」です。傾聴力を高める上では、日本には「受信者側に責任がある」という慣習があって、「文脈を想像してあげるコミュニケーションが土台にある」ことを分かっておくと「めんどくさい」ことも受け入れやすくなります。

このように日本ならではの文化や習慣を鑑みても、傾聴力がある人はとても重宝されます。相手に気持ちよく喋ってもらい、潜在的な考えや想いを掘り起こす手伝いをする。すると自然に人と情報が集まるようになってきます。言わずもがなビジネスをする上でもとても有利になっていきます。これが「傾聴力」というスキルです。

褒め力

褒めましょう。とりあえず何でもいいから褒めましょう。人も物も目に映るもの耳に入る音、とりあえず褒めましょう。褒めていればビジネスの力がつきます。もっと分かりやすく言えば、褒めていればお金が入ってきます。人なら髪型でも服装でも、声でも手の動きでも。商品ならパッケージのデザインでも包装の具合でも。どうしてもなければ「なんかいいオーラを感じます」とかそんな適当なことでもいいです。

褒めていると良い部分に気付く

まずこのような姿勢を持つことは、言わずもがな対人関係では良好化に繋がります。相手がその日の朝、混雑した電車で嫌な思いをしたかもしれないし、パートナーと口論して出てきたかもしれません。そのような状況でも、褒めることでムードを上げることができます。

また「とにかく褒めるところを探す」ことを続けていくと「良い部分」を探そうとする癖がつきます。これは、どんなビジネスをする上でも、大きな武器になります。

現代の商品やサービスは、世に出ている時点でどれもかなり洗練されています。良くて当たり前で、むしろ悪いところに気が向くようになっています。つまり、当たり前に感じてスルーしてしまう「大事な良い部分」に、ほとんどの人は気付かないで過ごしています。仮に、良いと感じていてもわざわざ言語化したりしません。自分なりに言語化して褒めることは、世に受け入れられている理由を知ることに繋がります。

特に、商品開発や広告宣伝の仕事において「物事をポジティブな視点で考察できている人」は、必ず重用されます。消費者のみならずビジネスパーソンでもほとんどの人が、世の中の物事を分析するときネガティブな要素を取り上げる傾向があるからです。

褒めるという行為は、強いコンプレックスがあったり困難な状況にある人は、嫉妬心など深い思考が働いて褒めることが難しいときがあります。しかしそういう気持ちの人ほど褒めてみてください。心にゆとりが生まれて、思考全体がポジティブになってきます。

そもそも日本人はあまり人を褒めません。シャイな国民性ですし、褒めるという行為が「上から目線で僭越だ」というような感覚もあり、褒めていたとしても褒め方がとても奥ゆかしくなります。「分かりやすく褒める」という行為自体がとても珍しいことになりますから、分かりやすく褒めているだけでとても珍しい人ということになります。

褒めることで得られる社会的評価はとても大きいです。「褒めた人やモノが悪いことをしたりダメだったりしたときに信用が棄損する」と思われるかもしれません。公的に物事を保証することと違って、そんなことで信用は損なわれません。「けなしていたものが実際によかったとき」の方がダメージがありますし、「褒めもせず、けなしもせず、何も感想を言わない人」には価値を感じにくいですよね。「物事になんの感想も持っていなかったり、けなしたりしている人」と、「バカみたいにでもいつも褒めまくっている人」と、どっちのそばに居たいかと言われれば明白ですよね。

大げさに言えば、褒め続けるだけで人生が変わります。『イエスマン〝YES〟は人生のパスワード』（Yes Man）という映画をご存じでしょうか。2008年にアメリカとイギリスで製作されたコメディ映画です。後ろ向きな性格で、何に対しても「ノー」と答えていた人が、成り行きから「イエス」としか言わないようになると、人生が好転したという話です。とても素敵な映画です。褒め続けると同じようなことが起こります。「褒めるマン」になると、時間もお金もかけずに「物事のよいところ見極める力」をつけられ、人も引き寄せることができます。これが「褒め力」というスキルです。

他人の時間を気にする力

仕事をする上で、誰かに何かを依頼するときは対価として報酬があります。報酬の対象は「成果」のように感じられますが、ほとんどの場合は「時間」で計算されます。日頃は「自分の時間をお金に変えている」にも関わらず、「他人の時間には関心が薄くなる」人が多くいます。自分と一緒に何かをしているときには「相手の時間を使わせている」という認識がより希薄になります。

時間への気遣いで品位を感じさせる

優秀なビジネスパーソンや高い生産性を発揮できる人ほど「時間」に対してシビアです。彼らがビジネスパートナーを判断する上で重要視しているのは「時間に対する感覚」です。中でも「他人の時間に対する気遣いができるかどうか」をとても繊細に見ています。この「気遣い」は、立場の違いや利害関係とは無関係です。

「他人の時間に対して気を遣う」姿勢はビジネスシーンの中では「品位」として認識されています。そして、品位はビジネスに対する資質や能力にも繋がるものとして考えられています。例えば「貴重なお時間をありがとうございます」「時間を使わせちゃってごめんね」「30分お借りします」という心遣いが感じられる発言や行動は、そのまま信頼に繋がりますし、逆にこうした姿勢を伴わない言動は「ビジネスセンスがない」とネガティブに評価されます。

上司が部下に仕事をふるとき、本質的な理由は「上司が使える時間を増やすため」です。上司以外でもできる仕事であれば、時間給の安い別の人がやったほうが生産性が良いからです。中には「仕事を部下にふるだけで、空いた時間を他の仕事に使わず何もしない」上司もいるとは思いますが。

仕事を外注する場面も同じ構造です。「自社にはノウハウがないから外注する」というイメージもあるかもしれませんが、基本的には「お金で時間を買っている」という構造です。「ノウハウやインフラのない仕事をイチから自社でやる」ということには膨大な時間が必要になります。その時間を削減するために外注しています。

ですから、仕事をふられた側の本質的な役割は、仕事をふった側、つまり「上司や発注者の時間を使わせない」ということになります。「自分はこの人が使える時間を増やすためにこの仕事をしている」という感覚を持って仕事に取り組むと、上司や発注者からは間違いなく「品位のあるビジネスパーソン」として頼りにされます。

ムダな時間を過ごさせない

時間はすべての人に等しく与えられています。しかし「人がどう感じるかによって全く異なる性質のもの」になります。楽しい時間はあっという間ですよね。逆に、嫌なことをするのは1分でも苦痛です。「他人の時間に気を遣う」ということは、絶対的な時間ではなく「相手にとっての時間の感じ方」を想像することにも繋がります。

同じ時間を過ごしていても立場によって時間の進み方が異なるだけでなく、価値そのものも異なります。例えば、仕事相手がミスをして、対応するのに多くの時間を要して迷惑したとします。先方から「お詫びに食事をごちそうさせてください」

と誘われました。ビジネスシーンではよく見られるシチュエーションです。しかしその相手が「好きなタイプではなく、話していてもつまらない人」だったらどうでしょうか。行きたくないですよね。「時間がムダだな」と思うでしょう。ミスの対応に時間を費やして迷惑したのに、さらに時間を使わされている感覚でしょうか。しかし、その食事の時間に有益な情報が得られたり、楽しいエピソードが聞けたり、また自分から何かを引き出してくれたとしたら、気持ちよく会食を終えられると思います。それはごちそうになれたとか、謝罪を受けたからではないですよね。その過ごした「時間に価値があった」という結果です。

私は、誰かと会うときはとても緊張します。「自分と過ごした時間をムダだった」と思われたくないからです。これは相手への気遣いもありますが、どちらかと言えば「プライド」のようなものかもしれません。では具体的にはどうすれば相手は有意義な時間と感じてくれるでしょうか。もちろん相手が「ビジネスで困っていること」「私生活で悩んでいること」を解決できたら最高でしょう。でもそんな簡単にはいきません。

そこで、ひとつお薦めしたいのは、「相手がまだ経験したことのない情報を提供する」ということです。これは一見難しそうに思えますが、自分の体験談で十分です。例えば、最近流行りの店で食事をした体験、その料理が意外と美味しくなかったという感想、その際、なぜ美味しくなかったと思ったのか、他の客の反応はどうだったのか、その店で感じたことを素直に話してみてください。聞きかじった情報やネットで見つけた情報は誰でも手に入れることができます。しかし、自分が体験したその店での感想は、ｎ数は1だとしても立派なマーケット情報なのです。そのような情報は、本来は自分で足を運び体験しなければ得られない情報であり、価値があります。相手にとっては先に述べた「市場理解」に繋がります。

このように「相手が時間をかけないと体験できなかったことを自分が疑似体験させてあげる」という考え方ができていれば、相手は自分との時間をムダだとは感じないはずです。時間に対する正しい理解と言えるでしょう。

成果を出せる人ほど「時間を何に使っているか、その時間で何を得ているのか」に非常に敏感です。相手の立場がクライアントであるか下請け会社であるかは問わず、「相手の時間を使っている」という意識は重要です。

これからの時代は、優秀な人ほど「自分の時間をお金に換える」という生き方を選ばなくなります。時間の使い方を敏感に意識するようになり、有意義な時間の使い方を模索します。ですから、他人の時間に対して気遣いをするだけでとても信頼されます。結果として、自分の時間の使い方も上手くなってきます。それが「他人の時間を気にする力」というスキルです。

人脈力

人脈は腐ります。少し言葉が強かったかもしれませんが、人脈は永続的に維持されません。人脈は生モノですから、時間がたてば食べられなくなります。

人脈は生モノである

そもそも人脈とは何でしょうか。ビジネスにおける「人脈がある」という状態は、知り合いが多くて、「仕事で困ったとき、適切なノウハウを持っている人に簡単にアクセスできる」とか「普通はなかなか交流できなさそうな人と連絡が取れる」などのようなイメージだと思います。「何かあったときに頼れるような人」との間には信頼関係があるはずですから、その関係性は「腐るようなものではなく長く続くもの」であるはずですし、そうであって欲しいものです。もちろん、幼馴染や危機を共に乗り切った人などのような深い結び付きは簡単には無くならないでしょう。しかしビジネスにおける人脈は腐りやすい性質があります。

そもそもビジネススキルにおける人脈は、関係性を長く保つことが必要要件ではありません。ビジネスとは商業活動を経て利益を得ることが主たる目的ですから、人脈も、その目的に役立つものであれば良いということになります。ですから無理して関係性を維持する必要はありません。ビジネスにおいて力を発揮する人脈は「今」「頼るに適した人」が「どれだけいるか」です。ですから、頼れる相手がいても「今」関われなかったり、内容に合わなかったり、そもそも多くの知り合いがいても力を貸してくれるような関係性がなかったら、人脈があるとは言えません。

しかしここでお話したいのは、「だから今自分の役に立たない人と付き合わなくていい」ということではありません。

現在のビジネスシーンはものすごいスピードで変化します。自分も変化していきます。未来はどうなるか分かりません。ですから「ビジネスのためだけに人脈を作ろうとすること」に意味がないのです。「いつか何かビジネスの助けになるかもしれないから、たくさんの知り合いをつくろう」。そうやってつくった〝人脈〟を維持するために「定期的に挨拶したり、たまには食事にも誘わなければ」。そういうことにはまったく意味がありません。

身近な人から繋がる脈

では、どうしたら良いのでしょうか。二つの考え方があります。ひとつは、誰かを追うのではなく「追われる人になること」です。当たり前の話ですが「自分と繋がりたい」と多くの人が思ってくれるような人になれば、たくさんの人脈ができます。自分から探す必要もないですし、維持する必要もありません。とても難しいことのようですが、これが最も合理的な方法ですし、それが「社会から強く必要とされている状態」とも言えます。

もうひとつは「今、目の前や周囲にいる人を大切にする」ということです。それだけで人脈力が増します。人はつい「身近にある大切なもの」を見落とします。今、自分と一緒に時間を過ごしてくれるビジネスパートナーや同僚やクライアントのことを、今までよりも大切にしてください。もちろん、生理的に合わない人や嫌いな人と付き合う必要はないですが、「身の回りにいてくれる人」のことをとにかく大切にしてください。そういう人たちが自分の大切な「人脈」となります。

実は、このように身の回りにいる人を大切にしていく積み重ねが、一つ目でお伝えした「人から繋がりたいと思ってもらえる人」になる近道にもなります。

なぜなら、人脈とはまさに「人の脈」だからです。脈々と繋がります。自分と誰かのその先に、誰かがいます。ですから、無理にたくさんの知り合いをつくる必要はありません。本当に自分のことを評価してくれたり、応援してくれたり、好きでいてくれる人がいれば、そういう人たちが、自分を「その先の人たち」に繋いでくれます。今自分の周りにいる人たちは、「未来の自分にとって大切な誰か」を繋いでくれる人たちです。

弊社はずっと新規営業というものをしていません。今お付き合いしてもらっているクライアントは、私の周りにいた人からの紹介だったり、その仕事を通じて繋がった人たちです。私自身はたいした人間ではありません。ただ、私の周りには、

人脈のイメージ

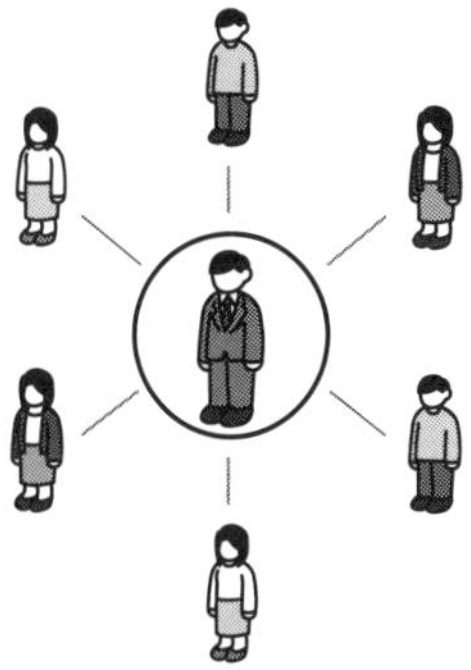

一般的な人脈の考え方

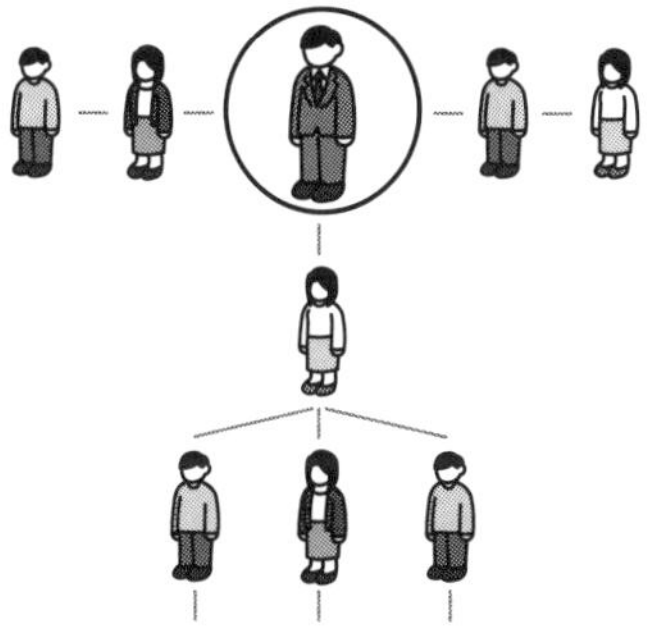

本質的な人脈の考え方

本当にすごい人たちがたくさんいます。私がいまこうして偉そうにこのような本を書いていられるのも、私を評価して周りにいてくれた人と、その先に出会った人たちのおかげです。

物事は変化します。自分はもちろん、他人もみんな変化します。興味のあることも、仕事内容も、経済状態も、人生のフェーズもどんどん変化します。だからこそ、今繋がっている人や自分を大切にしてくれる人との縁は奇跡的なことですし、今繋がっている人を大切にするしかないのです。

今深い関係でいる人たちとの繋がりが、薄くなったり無くなったりすることもあるでしょう。でもそれは当たり前と考えてください。それも変化なのです。未来を憂うことなく、今そばにある人の繋がりを奇跡として大切にする。結果として、その先にある「未来に必要な誰かとの出会い」に繋げていく。それが「人脈力」というスキルです。

好きと言う力

好きな人には「好きだ」と言葉にして伝えてください。それができたらビジネススキルは上がります。「何言ってんだ」という印象かもしれませんが、恋愛のみならずビジネスにおいてもとても大切なことなので少し読んでみてください。

好意は伝わりにくい

まず、コミュニケーションにおいて「あなたのことが好きです」という気持ちは伝わっているようでなかなか伝わりづらいものです。恋愛に限らずどんな場面でも好意を伝えるのは難しいことです。

日本人は一般的に「自分の気持ちを伝えること」があまり上手ではありません。正確に言えば、「自分の考えや感情を表現することで、他者を不快にさせたり気を遣わせるのは好ましくない」という美学があります。また、「考えや感情を曖昧にしておくことでムダな軋轢を回避する知恵」とも言えます。「以心伝心」「空気を読む」「つうかあ」という表現もあるように、言葉によらない意思疎通でコミュニケーションをする文化は、和を重んじる日本人の誇るべき特徴だと思っています。

この土台の上で「あなたに好意を持っています」という気持ちも「明確な言葉にしなくても伝わっている」と思いこみがちです。しかし、このようなポジティブな感情ほど伝わってない場合のほうが多いものです。なぜなら受け手である相手方も「自分のことなんかを好きだと思ってくれない」と奥ゆかしく考えるからです。とりわけビジネスの現場では「好き嫌いで仕事はしていない」と思われていますからなおさらです。ですから、まず「好きだ」ということをそのまま言葉にするだけでも、ビジネスパーソンとしてはとてもレアで印象に残るということになります。

シンプルに「好き」と言う

数年前になりますが、私がある有名人Nさんとお話ししていたときの話です。その人の社会的影響力は屈指です。Nさんとはそれほど濃い関係があったわけではないのですが、なぜか私に連絡をくれます。私はNさんのことを尊敬していましたから、もっと頻繁に会ったり、あわよくば一緒に仕事もしたいと思っていました。しかし、Nさんの周りにはたくさんの優秀な人がいますし、話をするのも緊張しますし、あまり連絡することはありませんでした。あるとき、久々に話す機会があったので率直に聞いてみました。「そんなにたくさん会ったり何かをしたわけでもないのに、なぜ私と話そうと思ってくれるのですか」と。彼は開口一番「高瀬さんのことが好きなんです」と言いました。これは嬉しかったです。どんな言葉より圧倒的な力がありました。

Nさんが本当はどう思っていたのか分かりません。彼の常套文句の可能性もあります。少なくとも私に興味があったのかもしれませんが、それを「好き」という言葉で伝えるセンスに私は改めて感銘を受けました。

このとき以来、私は少なくとも本当に好きな人には「好き」と伝えるようにし始めました。私は自分の気持ちを伝えるのがとても下手でしたが、「好き」はとてもシンプルな気持ちなので、やってみるととても簡単でした。そして私のビジネスは明らかに上昇気運になっていきました。

ビジネスは論理的に意思決定されていることが多いと思います。パートナーになりたい相手を口説くとき「こういう理屈であなたにとって得だから」という話し方になるのが一般的です。しかし、相手に好意があるのなら素直に「あなたのことが好きだから、ビジネスを一緒にやりたい」と伝えてください。理屈を超越したこの動機は、これ以上ない褒め言葉でもあります。

もう少し具体的な場面でお話します。もし誰かと会食したいとします。「食事をすることで関係を築いてビジネスに繋げる」というのは古今東西よくあるビジネスの始め方です。しかし、相手にメリットを感じてもらえないとき、実現しないケースも多いと思います。しかし、そういうときの最強の口説き文句は「あなたのことが好きだから一緒に食事をしたい」です。

逆の立場で考えてみてください。相手が親しい人ではなかったり、特に有益な情報も無さそうな人だったら、一緒に何かをするのは苦痛ですよね。しかし、そんな人からでも「あなたのことが好きだから一緒に食事をしたい」と言われたら、それはムダな時間と感じなくなるのではないでしょうか。

ただし、これは好きでない相手に社交辞令で言うことはお薦めしません。優秀な人ほどウソに気付きますし、ウソをついた自分に対しても精神的によくありません。

「好き」に勝る動機はありません。「私はあなたのことが好きだからビジネスをしているんです」と相手に伝えることは、自分の「そのビジネスに対する覚悟」を表明していることになります。相手からすれば「前向きに一生懸命やってくれるパートナーである」という保証のようなものにもなりますから、強い信頼関係も生まれます。

いまは「好き」が重宝される時代

「好き」という感情がもつ将来的な可能性は、計り知れません。自分のことを好きだと言ってくれる人とは、今、何も起きなくても1年後や10年後に、素晴らしいビジネスパートナーになれる可能性があります。また、それがビジネスに繋がらなくても、長い付き合いができる大切な友人になるかもしれません。

成功しているビジネスパーソンは人間関係を大切にしますが、そのスタンスは素直な気持ちに基づくものです。一方、ビジネスがうまくいっていない人ほど打算的に考えがちですし、目先の利益に走って人との関わりを蔑ろにしています。成功者と言われる人ほど、物事を長期的な視野で考える能力があることは歴史が証明しています。好きという感情は長期的な価値を生む可能性を秘めています。

会社員の立場だと「好き」だけで物事を決めづらいかもしれません。ですが、好きな気持ちを伝えることはできます。それが1年後なのか、10年後なのか分かりませんが、好意のメッセージがいつの日か、相手の中でぼっと再燃することは十分あり得ることです。


時代の流れにおいても、愛情や好きといった「理屈を超えた感情」の価値が増していています。例えば何か行動を起こすとき、理由をただ「それが好きだから」と言ったところで30年前だったら変な人に思われていたでしょう。昔に比べて、「理由のない好きという感情や趣向」が重視され、意味を持つ時代になってきています。それに人々が気付き始め、「好き」がお金になりやすい環境も徐々に形成されています。これは、可処分時間が増え、多様な価値観が受け入れられるようになって、「好き」という感情の入り込むスペースが増えたからです。

これからの時代は、この「好き」によって物事が動く時代になります。今はその過渡期であり、多くの人がこのパラダイムシフトをビジネスチャンスと捉えて動きはじめています。

「好き」を言葉にすると、理屈を超越した覚悟を相手に伝えることができるのはもちろん、自分のビジネスに対するスタンスも明確にできます。結果として好きな物事に囲まれている時間が増え幸福度が増します。そうした環境は、これからの「好きを中心に動くビジネスシーン」で必ず役に立ちます。それが「好きと言う力」というスキルです。

第2章

武器を持つ

chapter 2

Mastering Tools for Success

進行力

最近のビジネスパーソンは「本当に優秀だな」と感じます。これは世間や読者に媚びてるとかでもなんでもなく、事実です。

その理由は「はじめに」で述べたように「人類はとにかく良い方向に進歩し続けている」という歴史的事実と、近代においてはインターネットによって膨大な情報が蓄積し、スマホの登場によって若いうちから誰でもその膨大な情報にアクセスできるようになったことがあげられます。たくさんの情報を浴びることによって、無意識的に自分にとって必要なものを取捨選択する力が備わっています。考え方は論理的で合理的です。「社会に貢献することが自分にも得になる」という真理も理解しています。

「実行」は「進行すること」の積み重ね

しかし、そういう人と接してきた中で、ひとつだけ意識したほうがいいと感じるスキルがあります。それが「進行力」です。

「進行力」とは、何かやりたいことや任された仕事を能動的に進める力です。「実行力」という言い方のほうが馴染みがあればそういう理解でもよいですが、実現させたり完了させるにはまず「進める」ことが必要です。進めた結果の状態から、さらに進めて、その状態からまたさらに進めていく、その先に実行した状態があります。実は「実行力」というものは「進行力」の積み重ねなのです。ですから「進行する」という言葉を意識することをお薦めします。

何かやりたいことやタスクがあるとき、優秀な人はすぐに必要な情報を集め、最も簡便なツールを選び、スタンバイすることができます。しかし、せっかくそれらの準備ができても「進めること」ができなければ、何もしなかったことと同じになってしまいます。逆に、不必要な情報を集め、面倒なツールを選び、非合理的な準備をしてたとしても、とにかく進めて進めまくって目的にたどり着くことのほうが価値があります。

何かつくる前にはアイデアがありますよね。世の中でヒット作品やヒット商品が出たときに、その「アイデアや発想が素晴らしい」と評価されることがほとんどです。しかし、実はそのアイデア自体にはたいした価値はありません。私はコンテンツプロデューサーとしていろいろなコンテンツをつくっていますが、「アイデア自体に価値はない」というスタンスを大切にしています。

「こんな商品があったらいいな」「こんなサービスがあったら流行るかも」「こんなことしたらバズるんじゃないか」そんな風に思ったことがあると思います。しかしそのようなアイデアは同時にたくさんの人が発想しています。毎日生まれ、そして忘れられていきます。アイデア自体よりも、それを「実現し、世に出すこと」の方がはるかに大変ですし価値があります。上司に反対されたり、クライアントからストップがかかったり、予算が足りなかったり。足を引っ張られたり、仲間が去ったり。揶揄されたり、恥ずかしい思いをすることもあるでしょう。

アイデアは実現し、世の中に形として残すことに価値があります。そうでないアイデアは毎日無数に消えていく他のアイデアと同じで、元々なかったことと同じです。

みんなが欲しがる「進行力」のある人

私が関わってきた成功者や優秀なビジネスパーソンは「進行力」が圧倒的です。進め方は非合理的だったり、スマートとは言えないことも多いかもしれません。でもとにかく、ぐいぐい進めていきます。ビジネスシーンにおいては進行力がない、もしくは重視してない人はとても多いです。ですから、この進行力さえあれば、ビジネスシーンでは重宝されるということになります。

私の友人で電通を辞めて独立した人がいます。当時は今ほど起業が当たり前ではありませんでしたし、電通のブランドや社会的影響力は今よりも強かったと思います。

彼が起業したときにまだ会社員だった私は尋ねました。「怖くない？　勝算は？」彼は意外な返事をしました。「電通の人間は〝仕切ってなんぼ〟だって教えられて半信半疑にやってきたけど。世の中、意外と仕切れる人が少ないことに気付いたんだよね。だから最低限食べていけないことはないと思ったんだ」。当時の私にはまったく考え付かない視点で目から鱗でした。「仕切れている」というのは広告業界では「段取りや調整をしてプロジェクトを進行させる」ということを意味しています。

当時私はテレビ番組を制作する仕事をしていましたが「たしかに」と思いました。大きな規模であればあるほど、いろいろなトラブルや予期せぬことが起こります。私が企画した『逃走中』という番組では多いときで700名を超える人が番組に関わっていました。これだけ人数がいると「当たり前に進行すること」が何より難しいのです。しかも一発本番で撮り直しはできません。こういう番組では、準備した通りに制作がちゃんと進んでいるか「進行を管理する」という役割の人を配置します。この「進行管理」をしてくれる人は本当に頼りになります。しかし、「ちゃんと進行管理できる人」はなかなかいません。他の多くの番組でも、希有な人材として常に求められる存在でした。

また、経営者や投資家が最も欲している人材も、この「進行力」のある人です。経営者や投資家は、「やりたいことや、やるべきことを人やお金を使って実現する」ことが仕事です。ではどういうところに経営資源を使いたいかと言えば、任せられる人です。任せられる人とは、もちろん「良い結果を出してくれる人」ですが、良い結果か悪い結果になるかは、とにかく進めてみないと分かりません。経営者や投資家は何よりもスピードを重視します。ですから「まずはとにかく進めてくれる人」を強く求めています。

些細なことで進まない

ここまでの話で「進めていくときの障壁となる物事」はどのようなイメージだったでしょうか。「大きな障壁を超える力がスキルだ」というような話はよくあると思います。ここでひとつ強調しておきたいのは、「大きな障壁がなくても進まないことがたくさんある」ということです。

仕事が進まない、進められない理由は無限にあります。「社会的な大問題」など超えるのには難易度の高いハードルもありますが、ほとんどは「他の仕事が忙しかった」「面倒だった」「言ったつもりだった」「聞いたつもりだった」「催促されてない」「まだやらなくてよいと思っていた」などのような、言葉にするとほんとに些細に感じることが理由で進まないのです。

上司やクライアントに「軽く頼まれたこと」を進めるか否か、「アレやっておいたほうがいいかも」と感じたことを進めるか否か、それがビジネスにおいて大きな差になります。軽い指示や頼みは、だいたいが曖昧で適当ですから本当に進めていいのか分からないときがありますよね。そういうときでも、「どこまで進めていいのか」「いつまでにどこまで進めるべきか」、上司やクライアントに確認したり、お尻を叩いたり判断させるのも、また進行力です。

「とにかく進める」ことを意識するだけでビジネスシーンにおける自身のプレゼンスは上がります。誰かに自分をアピールするとき「どんなことがあってもとにかく物事を進める力があるところだ」と言ってみてください。びっくりするような好反応が得られると思います。

今まであまり言語化されず認識されていなかったけれど、実はあらゆる仕事でもっとも必要で、言われてみれば「みんなが欲しがる人材」が持っているスキル、それが「進行力」です。

プレゼン力

「プレゼン」は好きですか。私は仕事柄、毎週のように何かしらのプレゼンをしていますが嫌いです。準備も大変ですし、緊張しますし、ちゃんと説明できて分かってもらえるか不安です。内容に自信があればあるほど、伝わらないとがっかりします。そんな私が得た考え方があります。それは「プレゼンは言い訳探しのイベント」だということです。

プレゼンは「言い訳探しのためのイベント」

プレゼンは一般的に、自社や自分が「良いと考えていることを相手に伝えて同意してもらうためのもの」と考えられがちですが、実はそうではありません。相手が「これで進めましょう」と言える「言い訳探しのためのイベント」です。基本的に、誰がプレゼンしても相手が「１００％良い」と思うことはありません。担当者が社内の稟議を通すことができたり、チーム内で合意形成できる理由があれば十分です。ですから「自分の考えが正しい」と伝えることではなく、「相手が使える言い訳」を提供することが求められます。

よく考えてみれば、プレゼンの結果は往々にして「過去の成功事例」「数字で表せるリサーチ結果」「有名な○○さんが手掛けるという安心」などが決め手になることが多いですよね。規模や予算の大きな案件であればなおさらです。これは、「なぜ決定したのかという言い訳がしやすい」からです。しかし逆に、どんなに実績があって、有名人を起用して、事前のリサーチ結果がよかったとしても、相手が「言い訳」として採用できるプランでなければうまくいきません。

例えば、ある広告のコンペがあったとします。地元に愛されるスーパー「ジモトダイスキ屋」が新たに広告をしたいと考えています。コンペに参加したのは馴染みの会社が多く、どの内容も安心感のあるプレゼンでした。「ジモトダイスキ屋」の担当者は逆に困っています。なぜなら、「正直どの会社でもいい」と思っていて、「どの会社にしても「決めた理由」になるほどの差がないからです。実は最近上司から

「コンペは決定理由を明確にしろ。そして毎回その理由は違うことが望ましい。毎回同じ理由ではイノベーションは起こらない」と、よく分からないけれどもっともらしいことを言われていました。困っていたところ、ちょうど大手企画会社「オヨヨプランニング社」からこんな提案がありました。「100万円増額が必要になりますが、納期を一か月早めることができますよ。」そこで担当者が思い出します。「そういえば、最近、社長がビジネス書に感化されて『とにかくスピードを重視しろ』って全社集会で言っていたな」「これなら上司に決定理由を明確に言えそうだ。」こうして担当者は無事に「コンペの決定理由となる言い訳」を手に入れられたのでした。めでたしめでたし。

例えがダメ会社とポンコツ社員になってしまいましたが、どこかでありそうな話です。ここで言いたいのは、「相手が求めている言い訳に合致した提案をすることが大切だ」ということです。

相手が求める言い訳は、様々な要素が関連しているので、本当の狙いや困っている部分を見極めることが必要になります。

私は、オリエンテーションの段階で「相手が本当は何を考えているか」をできるだけ深堀りするようにしています。「予算５０００万円ってなってますけど、本当はこの程度で収めたいとかありますか？」「ぶっちゃけ、これって内容より企画を通すことのほうが大事だったりします？」「本当は他にやりたいことがあるのに出来ない事情とかあったりします？」というように、「出来る限り本音を知りたい」という姿勢で聞いてみます。

この土台にあるのは「プレゼンを受け入れてもらうため」というより「互いに、時間と力を使うなら合理的に進めたい」という気持ちです。このような姿勢でいると、さらに「ズレたプレゼンをして相手にムダな時間を使わせたくないな」とか「裏事情を知ってちゃんと役に立ちたいな」という想いが先行するようになってきます。こうした想いは相手にちゃんと伝わりますから、悩みを共有する同志のような関係構築にも繋がってきます。

「伝わらない」のが当たり前

プレゼン力を意識する上で、あと二つ知っておくと良いことをお話しします。一つ目は、「自分の考えは伝わらない」と認識しておくことです。これはプレゼンだけの話ではなく、「好きと言う力」でもお話したように、すべてのコミュニケーションにおいて意識しておくことをお薦めします。

私はコンテンツプロデュースや広告の仕事を通して、たくさんの生活者とコミュニケーションをとってきました。また、様々な経営者とのコンサルティングやメンタリング、受発注のやりとりをする中で、個対個のコミュニケーションについてもいろいろ考えてきました。その中で明確に理解できたことは、「自分の考えや当たり前だと思っていること、感情も、愛情も、まず伝わらない性質のものだ」ということです。一見寂しい話のようですが、コピーライターや作詞家など、言葉を仕事にする人の多くが「伝わらない」悩みを当たり前に語っています。

コミュニケーションにおける齟齬やトラブルはほとんどの場合が、「伝わるはずだ」「伝わっていると思っていた」と考えていたことに起因します。ですから、「伝わらない」と考えることが、結果として伝わりやすくなります。そもそも「伝わるはず」という感覚は「期待」ですから、伝わらないと「悲しみ」や「怒り」となって大きなストレスになります。

伝わることが前提のプレゼンは「押し付け」になります。冒頭でお話した通り、プレゼンは互いに行う「言い訳探しのコミュニケーション」ですから、一方通行の「押し付けプレゼン」は成立しません。「伝わらない」ことを前提にするということは「伝えるために考える」ということです。結果として相手本位になり、伝わりやすいプレゼンに繋がります。

もう一つは「熱意も言い訳になる」ということです。熱意は一般的には「相手の心を動かす、理屈とは別次元のもの」と理解されていますが、「プレゼンは言い訳探しのイベント」だという理解の上では、熱意も相手が持てる「言い訳」になります。「これだけ成功させたいと考えてくれているなら一生懸命やってくれるはずだ」「これだけ熱心なら適当な仕事はしないだろう」という安心感を与えます。これは立派な「言い訳」になります。ただ、ここで注意したいのは「熱意」が自分本位にならないように気を付けることです。自分本位の熱意はやはり「押し付け」になってしまいます。あくまで相手本位の意識を忘れないことが大切です。

プレゼンの面白いところに、プレゼンされる側は「正解を持っていない」ということがあります。ですから「こうしよう」と決めたとしても、そこに100%の自信がないのです。

たとえば、プレゼンを受ける側が会社員であれば、その上司に決裁を仰ぐ必要があります。プレゼンを受けていた人も、実は社内ではプレゼンする側になることはよくあります。仮に社長だったとしても大きな案件であれば株主やオーナーに対するプレゼンが必要になります。もしそうでなかったとしても、自分の中で「自分を納得させるための言い訳が欲しい」という気持ちがあります。

これはビジネスだけではありません。恋愛や政治でも同じことです。結婚するとき、付き合うとき、何が決め手だったでしょうか。もちろん愛情が最良の決め手ですが、「最初はなんとなく付き合った」なんて話もよく耳にしますよね。選挙で一票を投じるとき、よほど強い信条があるときを除いて、誰に入れるか、どの政党に投じるか、「自分の中での言い訳」を探すことはなかったでしょうか。恋愛も投票も、どちらもその時点での正解は分かりません。後になってから、その決断の善し悪しを判断することができます。

「実は正解は分からない。分からないことは分かってるけど、でも今決めなきゃいけない」。そんな「迷いと人間らしい心情に寄り添うこと」、それが「プレゼン力」というスキルです。

営業力

「営業は重要です」というのはビジネスシーンでよく言われます。では実際どの程度重要かと言えば「超重要」です。営業力は、それさえあれば「好きなことがなんでも出来るようになる」万能のスキルです。

「営業」と聞くとどこかスマートではない、少し前時代的なイメージもあるかもしれません。ノルマがあって厳しいとか、訪問先やクライアントにペコペコするような、やりがいのない仕事と思ってる人も多いと思います。それ故に仕事の種類としては不人気ですし、採用の場面などでは「マーケ人材募集」などのように別の言葉に置き替えられます。

実は今「〇〇マーケティング」と言われている仕事のほとんどが営業だったり、その一部です。その結果、「本当は営業の仕事をしているのに、営業力というスキルが意識されない」ことが多くあります。単純に営業力さえあれば出来ることも、別のスキルに置き替えられてしまってムダに遠回りすることもあります。

どんなことでも仕事にできる

一般的なビジネスシーンでは、仕事は2つしかありません。「何か価値をつくって世に問う仕事」か「すでにある価値の助力になる仕事」です。

まず「何か価値をつくって世に問う」上で成功の鍵は、営業力です。どんなに優れた価値を生み出して世の中を変えるような可能性があったとしても、人に伝えて広めることが出来なければ、それがどんなに素晴らしいモノか誰も気付きません。

逆に言えば「伝える力や売る力があるのなら、どんなものをつくってもビジネスになる」ということです。どんなにニッチな価値でも、マニアックな趣味のようなことでも仕事にすることができます。これが「営業力さえあれば、好きなことがなんでも出来るようになる」という意味です。

私はどんなコンテンツや商品をつくるときでも、「つくることよりも、伝えることや売ることに力を注ぐべき」と考えています。つくることも大変ですが、それを「世に出すことのほうが遥かに難しい」からです。つくるのは楽しい一面も多いですから、「つくること」に時間もお金もかけがちですが、本当は「伝え方や売り方」

に時間もお金をかけるべきです。「売り方を考えて、つくる」ような順番でもいいくらいです。

次に「すでにある価値の助力になる」という仕事の成功の鍵も、結局は営業力です。「すでにある価値の助力になる」ということには、「商品の一部となる部品をつくる」とか「商品の広告を請け負う」とか「足りない人材を提供する」など、あらゆる仕事が含まれます。部品を使ってもらいたくても、足りない何かを提供したくても、その部品や人材が「優れていると知ってもらう」、つまり営業しないと叶わないわけです。ということは逆に考えると、やはりこちらも「営業力さえあればどんな業界においてもビジネスができる」ことになります。

儲かる業界や業種、つまり世の中に必要とされる仕事というのは時代と共に変わっていきます。近年ではコロナ前、コロナ禍、コロナ後で人の生活や価値観はめまぐるしく変化しましたよね。変化が起きたときに最も武器になるのは営業力です。世の中に必要とされるものが変わっても、営業力があれば商材を変えればいいだけです。

私はいろいろな仕事をしています。正確にはその時々に興味のあることを仕事にしています。これが可能なのは、私が様々な分野にノウハウや技術を持っているからではありません。それは少なくとも「どんなことも仕事にできる営業力」があるからです。

営業活動は日常の中にある

ではそんな営業力とはどうしたら備わるのでしょうか。営業力とは、実は本書でご紹介している様々な力を集めた総合力です。営業とは人との関わりですから、特に第一章の「人を動かす」でお話したことを、営業力をつける目的で軽く読み返していただいても良いかもしれません。

その上で、敢えてひとつだけ付け加えるなら、それは「場数」です。と言っても「飛び込み営業をたくさんこなせ」というようなことではありません。今している仕事や友人付き合いの範囲でかまいません。ちょっとした日常的な行動を「これは何かの営業になっているかも」と捉えてみてください。クライアントへのプレゼンや上司への相談はもちろん、社内調整や会食の場所選びも、実は「営業活動」です。

仕事以外の日常にある旅行の計画や、家事分担の相談、マッチングアプリでの出会いなどもすべて営業活動です。「なぜ自分がそうしたいと思ったのか」「なぜ良いと思ったのか」そして、それが自分だけではなく「なぜ相手にとっても良いことなのか」、魅力や理由を少しだけ考えてみてください。仕事や日常生活の中で「これって営業してるな」と思えた時、そのときの経験がどんな場面でも生かせる「営業力」に昇華していきます。

パクる力

ビジネスシーンでは、新しい企画や新しい発想を求められることがよくあります。上司やクライアントから「もっとパッと思い切った斬新なこと考えてよ」「見たことのないオッと言われるものないかな」というような無邪気なオーダーを受けて、げんなりした経験はあると思います。「新しいことを考える」「新しいことを生み出す」というのはとてもハードルが高く感じます。そういうときにお薦めの方法があります。それが「パクる」ということです。

ここではハードルを下げるために「パクる」という言い方をしましたが、もちろん「違法にコピーする」ようなことではありません。ただ、よくある「他者から学べ」「過去の経験から学べ」のように言われてもなんだかよく分かりませんよね。ですから「パクって」ください。「パクる」と言われると簡単そうだし少しやる気になります。

「ゼロイチ」は存在しない

そもそもパクるのは悪いことではありません。パクるのは良くないとか格好悪いと思うのは、「この世にあるモノのほとんどは新しく生み出されたものであって、模倣されているものは少数である」という考えがベースになっているからです。しかし実際には違います。この世に新しいものは存在しません。すべて何かに影響を受けて出来ています。ヒット商品や作品の誕生秘話にはそんなエピソードに事欠きません。

たとえば、映画『スター・ウォーズ』の生みの親、ジョージ・ルーカスが黒澤明作品のファンで、『七人の侍』などの映画に強い影響を受けているのは有名な話ですし、映画『マトリックス』も『攻殻機動隊』に影響を受けていると言われています。日々生み出されるソフトウェアも、過去のオープンソースを組み合わせてつくるのが当たり前です。ちなみに私が企画した『逃走中』は鬼ごっこが元ネタだと思われていますが、発想の起点は「サッカー中継」です。試合時間の表示が当時はカウントダウンが主流で、それを見たときに「ずっとカウントダウン表示しているゲーム番組」をつくれないかと考えたのが最初です。

ゼロからイチをつくる「ゼロイチ」という言葉もありますが、ゼロから生まれるものはありません。何かに影響を受けたり、既存の何かに着想を得てつくられたものが世に出てヒットしたとき、世の中は「これ面白いね」「この手があったのか」と評価し、「新しいもの」として認識します。この視点は、前著『人がうごくコンテンツのつくり方』や『企画』でもご紹介したので、関心のある方は読んでいただければ幸いです。

パクるのが良い理由はたくさんありますが、ここでは3つあげたいと思います。まず1つ目は、「他者の成功体験や失敗体験を利用できる」ということです。分かりやすい部分ですよね。言わば近道ができるということです。

2つ目は、「すでにこの世に存在し流通している」ということです。この世にあるということは、少なくとも誰かが欲しいと思ったか、つくりたいと思ったわけで、そもそもニーズがあるということです。

3つ目は、「人は新しいものが苦手だ」ということです。一般的には「新しいもののほうが新鮮で人の興味を引きそう」と思われていますが、人は「新しいものを警戒する本能」があります。見たことのないものを食べるのは躊躇しますよね。これは人の防衛本能です。人は、既視感や既聴感があるほうが接触するときのハードルが下がるのです。まったく知らない物事よりも、「どこかで見たことのあるもの」から足し算したり引き算したり、何かと何かを掛け算したものの方が、使い方や味や楽しみ方のイメージがしやすくて受け入れやすくなります。

リスペクトして本質を知る

オマージュ、リスペクト、インスパイア、パロディというとカッコいい響きですが、誤解を恐れずに言えば、すべてパクりの一種です。元ネタをリスペクトしてオマージュしてインスパイアを受けてつくられたパロディを、「あれはパクりだよねw」と揶揄されるシーンはよく見られます。言葉遊びのようになりますが、いずれにせよ、物事はすべて何かに影響を受けています。

私がつくったコンテンツも、パロディされることはよくありました。そのたびに一部のユーザーや知り合いから「あれはあなたのつくった〇〇のパクりですよね。いいんですか？」と連絡をもらいます。パクられるというのは、それだけ「世の中に受け入れられている」ということですし、「よくできたフォーマット」だということになります。ですから私はパクってもらうたびにとても誇らしい気持ちになります。

そもそも私がつくったものも、「私の完全なオリジナルか」と言われれば違うでしょう。人は生まれてから様々な影響を受けて育ちます。子供のころに読んだ絵本や観たアニメ、思春期にハマった音楽や小説、今やっているゲームや毎日のように使っているYouTubeやTikTokなど、触れてきたすべての物事によって人格が形成されていきます。

話題のＡＩは、たくさんの情報から、深層学習アルゴリズムによってパターンや規則性を見つけ出して生成しますが、実は、人のアイデンティティもＡＩのように生成されたものです。無意識的に吸収したものも含めて、様々な情報が脳や意識の中で混ぜ合わされて出てくるものが、その人のアイデンティティだからです。

少なくともほとんどの情報はインプットされた段階では「いつどのようにアウトプットするか」なんて決まっていません。そう考えるとすべての創作物に「パクりなのかオリジナルなのか」といった境界線は存在しないと考えることが自然です。

すべての物事においてパクるということは自然なことです。ビジネスにおいて新しいことを始めたり、既存のものに新しいエッセンスを加えなければいけないときは、楽しんでパクりましょう。

そのときに必要なのはリスペクトやオマージュ、敬意の気持ちです。その気持ちが、参考にする対象の本質的な部分を探求する力になります。「それが、なぜ誕生して、なぜ人に受け入れられたのか」「なぜ、受け入れられずに消えていったのか」。当時の時代背景や社会のムードなども、元ネタの本質の一部です。このように様々な物事の本質を追及する力こそが、「パクる力」というスキルです。

朝令暮改力

朝令暮改という言葉はネガティブな意味で使われます。しかし「朝令暮改は有用なビジネススキル」です。朝令暮改と言われることを恐れる必要はありません。

朝令暮改とは「朝に出した命令を夕方にはもう改めること。方針などが絶えず変わって定まらないこと」［※参照］です。朝に指示されたことと違うことを夕方に言われたら、イラっとしますよね。そもそも「もうちょっと考えてから指示出してよ」と思います。ではこれが一日後だったらどうでしょう。同じくイラっとします。

ではこれが一週間後、いや一か月後だったらどうでしょう。「もっと早く変更してよ」となりますよね。一か月もあると一か月前の指示の通りに作業を進めているでしょうから、せっかくの努力もムダになってしまい、とてもやるせない気持ちになるからです。一日後の変更だったとしても、当日夕方の変更だったとしても、その間に急いで作業を進めていたら同じように悲しい気持ちになるわけです。

［※参照］　goo辞書

素早く動くのは「素早くやめること」とセット

朝令暮改と揶揄されることを恐れて判断が遅くなったり、中途半端になることは、被害を大きくするだけで何も意味がありません。「朝令暮改だ」と言われるということは「判断が早い」ということです。「思慮が深ければ暮改もなかった」と思われるかもしれません。しかし、朝令して進めてみたからこそ分かることも多くあります。「朝令暮改を恐れて最初のスタートが切れない」ことのほうが不幸ですし、機会損失も大きくなります。

現代は世の中のスピードがすべてにおいて早くなっています。早く動くことは企業の力そのものと言えます。ＰＤＣＡを回すのではなくＤＣだけでいいとも言われます。このような環境では「やってみた」「言ってみた」ことを止められないのは大きなリスクです。素早く動くことは、素早くやめられることとセットです。「誰になんと言われようとすぐに頭を下げて止めることができる」のは現代のビジネスシーンでは武器になります。

ちなみに、経営者の決断スピードは従業員と比べて圧倒的に速くなります。それは経営者が優れているとかではなく、単純に「判断を迫られる情報が早くたくさん集まるから」です。ですから、従業員からすると「朝令暮改だな」と感じる場面も多くなります。しかし、朝令暮改すらできない経営者よりは、はるかに恵まれています。大きな会社やレガシー企業［※03］と言われる組織だと判断が遅くなるときが多々あります。朝令暮改できるリーダーの下についているときは、その変更を受け入れサポートする価値があります。

朝令暮改をポジティブに意識すべきなのはリーダーに限りません。例えば、企画会社「オヨヨプランニング」の企画部員ユウキさんは期待の若手社員です。いつも良い企画を積極的に提案して結果を出しています。今回はスーパー「ジモトダイスキ屋」の広告を担当することになりました。朝、部長にプレゼンをしました。いつも期待以上の働きをするユウキさんのことなので、部長も「ユウキくんの企画なら」とそのまま承認しました。ところがその日の夕方に、ユウキさんが自分の企画のあるリスクに気付いたとします。ユウキさんは部長に対して、そのことを伝えるのを少しためらいます。部長は自分のことを信じて承認してくれたわけです。部長

レガシー企業［※03］ 伝統のある企業。数十年という長い歴史を持ち、従業員や売り上げが大きな規模にある企業を意味することが多い。

はその上の上司に承認を得ているでしょうから、撤回するというのは部長の顔をつぶすことになるかもしれません。しかし、そのまま進めることは悪手ですよね。謝って取り下げるか、リスクを共有して修正していくべきです。

また、この視点は上司と部下の関係だけでなく、外部企業との取引においても同じです。このように文章にしてみると当たり前のことに感じると思います。しかし、ビジネスシーンでは朝令暮改ができずに、時間やお金をムダにしている場面がとても多くあります。

朝令暮改ができるということは、「またすぐに次のことができる」「何かを始めるハードルを下げる」ということでもあります。間違っていてもすぐに修正できるということですから、初めてやることに対しても臆することなくできます。これが「朝令暮改力」というスキルです。

希少力

仕事をすれば報酬があります。報酬は一般的にはお金です。仕事をたくさん頑張れば、たくさんお金が手に入るということになりますが、お金がどれだけ手に入るかは仕事の内容によって異なります。ですから多くの人は「たくさんのお金を貰いやすい仕事」を選ぼうとします。これは間違っていませんし、能力の高い人が報酬の高いところに集まるのは当たり前のことです。

能力と報酬は相関しない

では報酬が高い仕事とはどのような仕事でしょうか。それは時代によって大きく変わっていきます。業種で変わるのはもちろん、同じ業界でも会社によって浮き沈みが多くありますよね。高い報酬を得続けるためには「時代に合わせて高い報酬が得られる業種や会社を選び続ける」ということになります。そういうことができる人もいますが、能力が高い人でないと難しいでしょうから、再現性も低そうです。

しかし、仕事と報酬を考えるときに当てはまる、普遍的なことがひとつあります。それは「希少なモノには価値がある」ということです。本書でもたびたびお話してきましたが、珍しいとか数が少ないということだけで価値が生まれます。「希少な人材には価値があり、高い報酬が得られる」ということです。

「あの人は自分より仕事ができなさそうなのに自分より多く報酬を得ているな」と感じる場面はよくあるでしょう。しかし、「仕事ができるかできないか」は報酬と相関しません。報酬が多い人は、単純にその人が希少なのです。「自分は稼げていないから仕事ができない」と思うときや、「周りは優秀な人ばかりで自分は役にたたないのかな」と感じることがあるかもしれません。しかし、それは「その業界」「その会社」「その時」の、自分と周囲の「状態」にすぎません。人の能力は絶対的なものではなく「相対的な評価」であることがほとんどです。

評価とは「何と比べるか」「どこで比べるか」「いつ比べるか」で異なるものです。人類史に残る大きな出来事でさえ、国によって評価は異なりますし、その評価も時代によって急に変わったりします。評価はとても曖昧なものです。しかし、希少かどうかは、数字で表せますから広義には絶対的と言えます。希少でありさえすれば報酬は増えますし、自己肯定感も高まります。

キャラクターを掘り起こすと希少になれる

ではどのようにすれば希少になれるでしょうか。「社会の中で希少な人材になる」というのは少しハードルが高い印象があるかもしれません。しかし、「社会全体の中ではたくさんいるタイプの人でも、ある業界の中では希少だ」ということはよくあります。今いる会社には自分のような人がたくさんいても、別の業界では希少人材になれます。もっと言えば、同じ会社の中でも、希少人材になり得るわけです。職場以外の環境でも同様です。たとえば私は東京で生まれ育ちました。学校には電車に乗って通っていました。東京の大学に通って東京の会社に勤めました。東京にいたら多くいる存在の一人ですが、地方の人口の少ない村に転居したとします。すると「めちゃめちゃ東京のことを知っている人」という希少人材になります。

また希少であるために知っておくと良い考え方をもうひとつお話しします。藤原和博さんによる有名な話で、「一万時間頑張って何かのプロになると、100分の1の人材になれる。100分の1だと日本に100万人いるけれど、〝一万時間で何かを習得すること〟を3回すれば100万人に1人、つまり日本で100人しかいない希少人材になれる」という考え方です。それが出来れば最高ですが、「全部で三万時間となると大変そうだ」と感じる人も多いと思います。そこで、新たに三万時間何かに取り組むのではなく、「今持っているキャラクターを掛け合わせて自分の希少性を認識する」のも一手です。ここでは解釈を広げて少しゆるく考えます。

たとえば私は学生時代、飲食店を経営していました。これは100分の1でしょう。テレビ局で働いていました。これも100分の1と言えるでしょう。また会社員を辞めて起業しました。これもまた100分の1です。学生時代に飲食店を経営し、テレビ局で会社員をした後に起業した人は日本には100人以下ということになりますから希少ですよね。ただ、「普通はそんな風な経歴もないんだよ」と思われるかもしれません。

ではもう少し一般化します。「私は長い間、独身会社員生活をしていました。婚活して40代になってようやく結婚できました。好きなものはF1と野球で、角田さんとベイスターズのファンです。好きなお酒は薄めのハイボールです。最近、運動不足に危機感を覚え、自宅マンションの階段を毎日10往復して変な人と思われています」。これだけ聞くと、一般的な人という感じもしますが、すべての特徴を掛け合わせたら日本に１００人もいないと思います。こうした自分のひとつひとつの特徴や経験を「希少でいるためのパーツ」と捉えられるかどうかで大きな違いができます。

「私には希少性がない」と諦めず、自分のキャラクターを掘り起こし、言語化して掛け算してみてください。言語化して社会に放つと「まさにそういう人を探していたんだ」という出会いに繋がります。探していた人にとっては間違いなく希少で価値の高い人材です。

希少であるということは、それほど難しいことではありません。「自分が希少で価値ある存在でいられる場所」を探すこと、そして「自分の中の１００分の１のが何なのか意識して、それを複数持ってアピールすること」が大切です。このように自分が希少な存在でいようと心がけること、それが「希少力」というスキルです。

スピード力

昨今のビジネスシーンでは、「爆速」という言葉が流行ったこともあるくらい「スピードを意識することは当たり前」と言われます。これは主にテクノロジーの進歩が加速することで、世の中のあらゆる物事の変化が速くなり、「ビジネスもスピード感をもって動かないと生き残れない」という認識からです。しかしビジネスの現場で速度を上げるというのはなかなか実践しにくいのも事実です。ここでは「実際にビジネスをスピード感をもって進めているかどうか」は一旦無視して、「スピード感がある人と思われることで社会的な評価を上げる」という視点でお話したいと思います。

とりあえず反応する

「スピード感がある人と思われる」ために必要なのは「リアクション」の速さです。

しかし、これは一般的には「レスポンス」と認識されています。「レスポンス」は「ちょっと考えたり悩んだりした結果の返答」という意味で理解されていますから、一拍の間（マ）を含むことを前提にしています。実は、この間（マ）がビジネスパーソンを苦しませたり悩ませたりしています。

「レスポンスは早くしろ」と言われますよね。早い方が良いことは分かっていても、容易にはできません。なぜなら、早くレスポンスをするためには「速く考えたり速く調べたりしなければいけないから」です。これはまさに冒頭でお話した「爆速」に含まれる「ビジネスへの心構え」と言えますが、かなり高度です。

レスポンスは「その内容も評価の一部」になりますから、相手の要望に沿う「精度の高いレスポンスができるような準備」が必要だったり、「対応できる環境が周囲に備わっていること」も必要になってきます。それが出来ればもちろん良いですが、できないと「レスポンスが出来ない人」もしくは「レスポンスは早いけど内容がいい加減な人」になってしまいます。こう考えると「レスポンスを早くする意識」を持つだけでストレスになります。

そんなことを踏まえてお薦めしたいのが「早くリアクションする」ということです。分かりやすく言えば「とにかくまず反応する」ということです。とりあえず反応だけしておけば良いのです。

たとえば、会議の場面で「これどう？良いと思う？悪いと思う？」と問われた時、「どう答えるのが適切か」を考えるときがありますよね。レスポンスをするときに「返答の内容」を考えて時間がかかることがあります。「えー、そうですね。うーん。それはですねー。いや、難しいですけどー。うーん。」よくある光景です。

ここですべきなのは「即答」です。この場合だったら「良い」「悪い」もしくは「どちらでもない」「分からない」でもいいと思います。とにかく早くリアクションすることです。たまに、何も言葉を発さずに考え始める人がいます。これは本当に最悪です。どうしても考えたかったとしても「ちょっと考えます」というリアクションをしてからです。ちなみに、ここでお話しているのは1秒未満の話です。0.1秒でも早くリアクションすればするほど効果的です。

待たせるとムダに期待させる

コミュニケーションにおいて、リアクションするまで時間があればあるほど、相手にも考える時間を与えてしまいます。「この人はどう返事するのだろう」「いいと思っているのかな」「いいと思うならどうしてだろう」のようにいろいろ考えさせてしまいます。

つまりコミュニケーションは「リアクションに時間をかければかけるほどハードルが上がる」性質があります。待ち時間は「期待」になります。時間が長ければ長いほど「期待」は増幅します。期待値に合わないとがっかりするのが人の気持ちです。そういう意味では「ムダに期待させないうちにコミュニケーションを取る」という考え方とも言えます。

分かりやすいところでは、お笑い番組などで見る芸人さんの華麗なコミュニケーションがあります。どのリアクションも超速ですよね。これはリアクションまでの時間が長いとハードルが上がって、リアクションの内容への期待が高くなってしまい、笑えるものも笑えなくなってしまうからです。逆に絶妙な間（マ）を取ることで笑いを作るテクニックもありますが、ここでは割愛します。

ちなみに、リアクションをするとき「ちょっと待ってください」というのも何もリアクションしないよりはマシですが、これだと相手や周りを「待たせる」ことを前提としています。

ここで、ある有名な飲食店経営者に教わった話をします。飲食店で店員さんを「すみませーん」と呼び止めることがあると思います。忙しいときは「少々おまちくださーい」とリアクションされることが多いと思います。私も飲食店の経営をしたりバイトをしたこともあるので、忙しいときに「ちょっと待ってよ」という気持ちはよく理解できます。しかしこの場面での正しいリアクションは「すぐ伺います」「すぐ行きます」なのだそうです。この話は目から鱗でした。

サービス業として考えるのではなく、コミュニケーションとして考えてみてください。この場合、「待たせる時間」は問題ではないのです。客は「何か頼みたいという意思が伝わっていることが分かればよい」ので、どれだけ待つかを確認したいわけではありません。もし、レスポンスとして考えるなら「えーと、いま対応できない可能性があります」と考えたのちに「○分待ってください」と返事をすることになってしまいます。何も考えず「すぐ伺います」とリアクションしておくのが正しいのです。

少し話が逸れましたが、リアクションはとにかく早ければ早いほど効果的です。早ければ相手に考える余地を与えずに済み、期待値をコントロールすることができます。そして、この考え方はレスポンスの領域にも応用できます。

たとえば、何か資料をつくるとき「明日までにやっといて」と言われたものを今日中に仕上げたとします。内容が同じなら、もちろん今日提出した方が評価は高くなりますよね。仮にクオリティが多少下がったとしても、早く提出した方が評価が高くなることは多くあります。これは「早い」という評価が、「意欲がある」「責任感がある」などの評価にも変換されて、資料の内容自体もポジティブに受け取られるからです。結果として早さがクオリティの減少分を充分に補うことになります。

まずはとにかく「リアクション」です。これはLINEでもSlackでも同じことです。それだけで周囲の評価は変わります。「仕事が速い人」になるのは簡単ではないかもしれません。しかし「仕事が速い人と思われること」はさほど難しいことではありません。

早いリアクションを心がけていると、「反応にどれだけ時間をかけたら、相手の期待値がどれだけ変わるか」を敏感に感じられるようになってきます。すると、レスポンスについても、「早さとクオリティのバランス」を取れるようになってきます。

これが「スピード力」というスキルです。

稼ぐ力

「お金を稼ぐ力があれば苦労しないよ」と言われそうです。ビジネスにおける結論的なスキルですよね。私なんかより、比べ物にならないくらい稼ぐ力のある人はごまんといます。そういう人たちの話もたくさん聞いてきましたが、能力が高すぎたり特殊すぎたりして実践しにくいことも多くありました。しかしそんな中途半端な私だからこそ分かったことがあります。それをお話ししたいと思います。

成功者は稼ぐことに貪欲

稼ぐ力とは何か。結論から言えば、「お金を稼ごうとする意欲や貪欲な姿勢」です。日本人のメンタリティには、「お金のことを話すのは下品」「お金にがめついのははしたない」など、お金にこだわったり、お金が欲しいという気持ちを公にすることをネガティブに感じる文化があります。そういうメンタリティ自体は否定しませんし、私は奥ゆかしさや品性を重んじる日本人の性質は大好きです。しかし、もう少し「稼ぐ」ということに欲を出して良いのではないかと思います。そもそも、「お金について公に下品に語る」ということと「お金を稼ぎたい気持ちを持つ」ということとは別の話です。

成功者と言われる人に共通していえるのは「稼ぐことに貪欲だ」ということです。稼ぐこと、お金を生み出すことに対して意思があり、意欲的です。

一方で、多くの実業家や知識人が「お金は後からついてくる」といいます。私も最近その意味が少しだけ分かってきました。「お金は後からついてくる」というのは、「社会を良くするために働いたり、自分が楽しいと感じることをすることがお金を生む」という考え方です。世の中のほとんどの人が「安全で穏やかに楽しく生活したい」と思っていますから、「社会を良くする」という考え方がビジネスとしても合理的なわけです。自己啓発本の類もこの文脈で語られることが多くありますよね。

しかし理屈では分かっても、少し浮世離れした考え方に「そうは言ってもなぁ」

と感じている人も多いのではないかと思います。もしくは大きなスケールでの考え方を実践できずに「うまくいかないな」と悩んでいる人もいるかもしれません。それはむしろ自然な感覚です。実は、「世のため人のため」を目的に事業をしている人も、その昔は「スモールビジネスで目先のお金を追っていた」人がほとんどです。元手となるお金、いわゆる「種銭」ができてから、「世界平和や人類の未来」のことを自分事にできたり、自分の事業と接着できるようになっていくのです。

「商売」の楽しさを知る

では、改めて「稼ぐ力」をつけるにはどうすればよいのでしょうか。まずは、「稼ぐことに貪欲になること」そして「稼ぎ方を知ること」です。

お金を稼ぐ基本は「商売」です。「ビジネス」と言うと稼ぎ方も広いイメージになりすぎるので、「商売」という言葉でイメージを狭めて考えてみます。商売の基本は「安く仕入れて高く売ること」です。いわゆる「せどり」とも言われます。もちろん「せどり」以外にも「新たな価値を創造して売る、使ってもらう」ということも商売ですし、そういう商売の方が現代的な印象もあるかもしれません。しかし、社会のお金の流れの多くは「安く仕入れたものを高く売る」という構造になっています。

しかも近年はインターネットで誰とでも繋がれますから、「せどり」で稼ぐことが以前に比べれば容易です。実際にメルカリなどのツールで、そうした副業をしている人も増えています。実はこの「安く仕入れて高く売る」という稼ぎ方はとても現代的なのです。まずは何でもよいのでやってみてください。

すると、まず「商売の楽しさ」が分かります。「いくらかお金が手に入る」ということもそうですが、「売れたこと」が純粋に「嬉しい」と感じます。そうなってくると、より売れるように工夫したくなります。さきほどのメルカリの例で言えば、魅力的な商品に見えるように写真の撮り方や載せ方を変えたり、説明文を分かりやすくしたり、キャッチコピーを考えたりします。そうした工夫がまた上手くいったりすると、さらに楽しくなって見せ方に別の工夫をするようになります。これは立派な「広告」のスキルです。

こうしてたくさん売れてくると、たくさん仕入れることになります。たくさん仕入れると、以前よりも安く仕入れられることに気付きます。安く仕入れることができると、利益が増えます。そうすると、もっと商売が楽しくなってきます。売値を下げて、ライバル商品より優位に立つようにするかもしれませんし、増えた利益を使ってスペックを上げたり、デコレーションしたりして類似商品よりも良いモノにしようとします。これが「競争力をつける」「付加価値をつける」ということです。

競争力や付加価値がついてきて、お金もたまってくると、他者から仕入れるのではなく、イチから製造する気になってきます。これが「ブランドをつくる」ということです。ここまで来ると仕入れ方と売り方だけでなく、法務、税務、人事などバックオフィスの実務もより高度に知ることになります。このように、ただの「せどり」だと思っていたことから、あれよあれよという間に、立体的なビジネスができたり、幅広い経験やノウハウが手に入ります。

ここまで進むかどうかは別として、稼ぐことに貪欲にならないと、このような展開にはなりません。ちなみに、ここでお話したいのは、「副業をしよう」とか「起業しよう」ということではありません。会社員でも「会社が稼ぐことを自分事にした

ビジネスの広がり

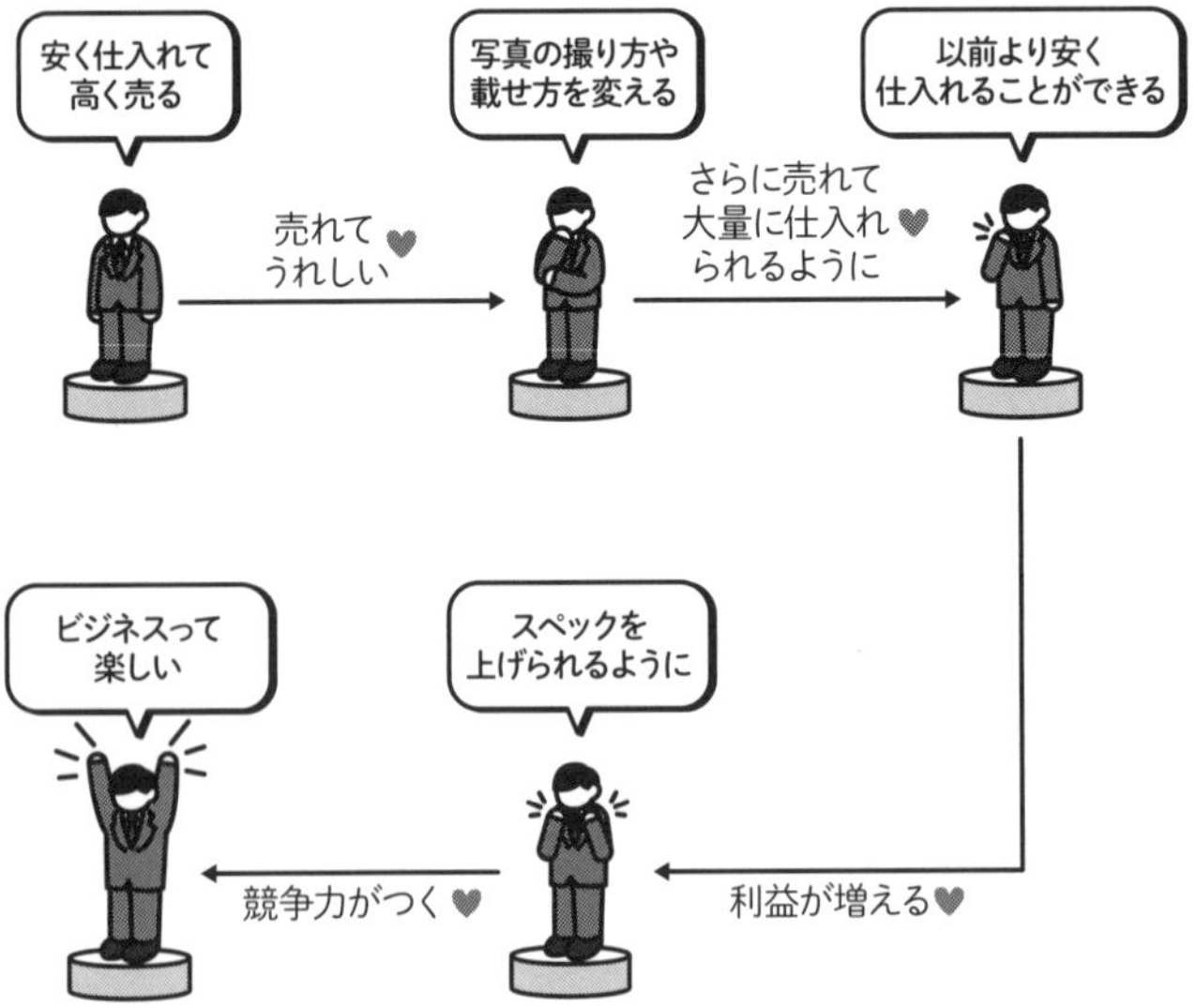
安く仕入れて
高く売る
売れて
うれしい
写真の撮り方や
載せ方を変える
さらに売れて
大量に仕入れ
られるように
以前より安く
仕入れることができる
利益が増える
スペックを
上げられるように
競争力がつく
ビジネスって
楽しい

方がいいですよ」ということです。

会社員は、会社が稼いでいてもいなくても、基本的には急に給料が変わることはありません。しかし、稼ぎ方に興味を持つと、自分の仕事の解像度が各段に上がります。自分がいる会社の「稼ぐ構造」をより知りたくなるでしょうし、自分と関係しない部署の動きも気になってきます。「ここがこうなったらもっと儲かるのに」とか「もっとムダが省けるのにな」と感じるようになります。「全社を俯瞰で捉えて、自分の仕事を進める会社員」なんてめちゃめちゃ優秀ですよね。それが行き過ぎると一部の上司からは疎まれる危険性があるので注意が必要ですが（笑）。少なくとも経営陣から見ると、どう見ても出世させたい頼もしい存在です。

「会社を稼がせる」意識

私はテレビ局で19年間会社員をしていました。番組企画の仕事をする前、最初は営業の仕事をしていました。仕事内容は番組のＣＭ枠を広告代理店やスポンサーに売る仕事でした。会社員ですから売ろうが売らまいが給料は変わらなかったのですが、「売った分だけ数字が積みあがっていくこと」を楽しく感じていました。

一生懸命売っていてもすべてのCM枠を売り切ることができないときもあります。放送日が近づくと、より売れなくなります。あるとき「余ったCM枠をまとめてパッケージにして売れないか」と考えました。

当時は「CDバブル」と言われていた頃で、レコード会社が音楽のCMをたくさん放映していました。レコード会社のCMは若い人をターゲットにしていましたが、当時のフジテレビは若い人に訴求できる媒体として評価を得ていて、相性の良い間柄でした。音楽ビジネスは〝水モノ〟と言われますが、ヒット曲が出ると、急に広告宣伝費を増やすことがよくあります。そこで、余ったCM枠のうち、若い人に支持されている番組だけをまとめて商品にしました。放送まであと数日というタイミングでしたが、それはあっという間に完売しました。その後他の放送局も追随して、一般的な広告商品になっていきました。

これは、とても刺激的で高揚感のある体験でした。以来、私は「会社を稼がせる」ということに強い意欲を持つようになりました。

私が企画した『逃走中』という番組では、有名になる前からDVD化やゲーム化をしたくて、社内外にしつこく働きかけていました。当時は人気もなく定期的な放送が約束されていないコンテンツでしたので、むしろ「ゲーム化などで収益が上がること」を理由にして放送させてもらうように会社にお願いしていました。アプリゲームでは国内2位（当時）のダウンロード数を記録した「ヌメロン」という番組も、ゲームアプリでお金を稼ぐことを目的として企画しました。

私に課せられた仕事は「番組で視聴率を獲ること」でしたが、むしろ「会社を稼がせること」に強い関心がありました。もう15年以上前の話ですが、今で言う〝IP［※04］〟を創出してお金を稼ぐことが、近い将来のテレビ局で必要なビジネスと考えていました。その結果、番組制作の範疇を超えた、コンテンツビジネス、海外へのフォーマットセールス、ゲームのつくり方、おもちゃの製造、著作権に至るまで、幅広い経験とノウハウを得ることができました。

会社員でも「お金を稼ぐ構造」が分かってくると、「働いた分だけ給料を貰う」という意識から、「会社を稼がせたり、会社に価値を与えたことの対価として給料をもらう」という意識になってきます。これは「雇われている」という意識から解放

IP［※04］ 知的財産。たとえば映画や音楽、マンガやアニメなど。多分野で展開してライセンス料などの大きな利益を得られる可能性がある。

されることを意味します。組織の中で自立した心持ちでいられると、精神衛生上もとても健全に過ごせます。（このあたりは「無所属力」でまた詳しくお話します）

私は、「売れている商品」「流行っているサービス」「うまくいってる事業」を見ると、悔しいと感じます。以前はそんなことはありませんでした。しかし、「お金を稼ぐ構造」を知れば知るほど、「それは自分にもできるんじゃないか」と思うようになってきました。「今できなくても、これがあればできるな」とか「アレが足りないから、そこだけ埋められれば同じように稼げるかもしれない」と感じます。とは言ってもほとんどは感じているだけですし、「やれそうだと思うこと」と「実際にやって結果を出す」のは雲泥の差がありますから、あまり偉そうなことも言えないのですが（笑）。成功しているビジネスを自分事にできるようになると、社会全体に対する解像度が各段に上がりますし、何よりビジネスの話がとても楽しくなります。守備範囲が広くて意欲的なビジネスパーソンとして、一段階上がれます。

ひとつ注意したいのは、冒頭でお話した「欲」とは「お金に対する欲」ではなく「お金を稼ぐことに対する欲」だと言うことです。言わずもがな、まったく違いますよね。「お金そのもの」に欲があっても、生産することはできません。よくある「楽して稼ぐ」的なインチキ広告に釣られてしまいます。大きく間違えば、詐欺のような犯罪に関わってしまうかもしれません。「お金そのもの」にだけ欲を持っても、まったく意味がありません。非生産的なばかりか、リスクをはらんでいます。「稼ぐ力」を持つと、自分の身を守ることにも繋がります。仕事を選ぶ時も「将来性が無い仕事やリスクの高い仕事」を避けることができます。リスクが高くても、リスクの高さを構造的に理解した上で立ち向かうのと、そうでないのには大きな差がありますよね。

お金を増やそうとするときも、「稼ぐ構造」に興味をもってするのが「投資」ですが、「お金そのもの」だけに興味をもってするのが「投機」です。「お金を稼ぐ構造」がわかっていれば、ありえないウマい話や詐欺まがいの話にうっかり乗ることもないでしょう。

「お金を稼ぐ」ということに欲を持って向き合い、お金が生み出される仕組みを知って自分事にすること。結果として世の中のあらゆる仕事に対する解像度を上げて、ゆくゆくは世の中のために働く力をつけていくこと。それが「稼ぐ力」というスキルです。

とりあえずやってみる力

行動力が大事だと言われます。耳にタコができるぐらい聞く言葉ですね。でも、これは本当にその通りです。その通りなのですが、少しハードルが高い印象のある人も多いでしょう。「いつも行動しようと思っていても結局何もしていなかった」というのもよくあるパターンです。私の中でも「行動というものはアグレッシブな人が頑張ってやることで、エネルギーや決意が必要」なイメージでした。

人は「とりあえずやらない」生き物

そこで私は少しだけ言葉を置き換えました。それは「とりあえずやってみる」ということです。かなりハードルが下がった感じがしませんでしょうか。やるかやらないかの二択になったとき、考えたり準備しなくてよいので「とりあえずやってみる」のです。

「これは自分にとってやるべきだろうか」「やるべきかもしれないが今じゃなくてもいいのかも」「やったことで得られるメリットはあるのかな」「どのくらいリスクがあるだろうか」「失敗したら嫌な気持ちになるかな」「〇〇さんに迷惑かかるかも」「やるにしても、アレは事前に準備したほうが無難かな」「アレってどこに売ってるんだっけ？」「買うのももったいないかも」「誰かタダで貸してくれないかな」もう、考えれば考えるほど、準備をしようと思えば思うほど「めんどくさいな」と思います。こうなると出てくる答えは一つ、「とりあえずやめておこう」となります。ですから、まずは余計なことは考えず、少なくとも「やりたいな」とか「楽しそうだな」と感じたら、一番簡単なことから「とりあえずやってみる」のがお薦めです。

また、「とりあえずやってみる」ことには能動的なことだけではなく受動的なことも含まれます。友人に「今夜飲みにいこうよ」と言われたら「とりあえず行く」。けど、つまらなかったらすぐ帰る」。「このネトフリのドラマ観たほうがいいよ。シーズン5まであるけど」と言われたら「とりあえず二倍速で一話だけ観てみる。つまらなかったら5分でやめる」。このような感じです。「とりあえず」というのには嫌だったら「途中でやめる」という事が前提にあります。

基本的に「人は新たな行動を起こしたがらない生き物」です。この性質を「現状維持バイアス」と言います。経済学者のゼックハウザーとサミュエルソンによって提唱された「未知のものや変化を受け入れず、現状維持を望む心理作用」です。ベッドでだらだらスマホをいじってるとき、宿題をしたり、部屋掃除をするのは億劫ですよね。広義には同じことです。なるべく同じ状態を保とうとします。ですから「とりあえずやらない」という選択をしがちです。

行動力がないのは当たり前ですから、まず「行動力のない自分」を否定しないことからスタートです。人は「とりあえずやらない」選択をしがちです。ですから、思考パターンを変えるには「とりあえずやる」と考えるのが自然なのです。

損をしないために「とりあえずやる」

また、行動しない理由としてはリスクへの恐れがあります。これはよく聞く話だと思います。「リスクを取らないのがリスクだ」と言われると、またちょっと圧力が強めで受け入れにくい人もいるかもしれません。ですから、「リスクを避けすぎると損をする」と考えてください。分かりやすく言えば、「将来入ってくるはずのお金が入ってこなくなる」ということです。人は「得をする」と思うより「損をする」と考えたほうが「行動する」気持ちが芽生えます。行動経済学で「損失回避」と言われている性質です。

もちろん「リスク回避」は人間の動物的生存本能です。なんでもかんでもリスクを無視するのは、ただの無謀な人です。最悪の場合死んでしまいます。生死を分けるようなリスクは避けることが前提です。

私は42歳でテレビ局を辞めました。普通に考えれば会社員で居つづけたほうがリスクはなさそうです。しかし、私は「このまま会社員を続けた方がリスクが高い」と判断しました。そして「いま辞めないと人生で損をする」と考えました。損とはお金だけではありません。会社を辞めて起業した場合、得られるものには時間と経験があると考えました。会社員を続けるとそれらは得られません。「時間と経験が得られなくなる」という損をしないために辞めたのです。

もう少しだけ詳しくお話すると、私は112歳まで生きるつもりです。定年が65歳だとして47年間あります。医療も受けたいし、できることならたまには美味しいものも食べたいですし、家族で旅行もしたいです。どう考えても「定年後に働かないで過ごす」という選択肢はなさそうです。そこで私は「一生働く」と決めました。しかし、65歳まで会社員を続けてから、社会に放り出されて、どれだけ世の中の役に立てるのか不安になりました。そう考えたとき、思考が凝り固まらず体力もある40代のうちに、いろいろな経験をして稼ぎ方を知っておくほうが良いと思いました。

40代なら同年代の人もバリバリ活躍していますし、自分もそれなりには社会の役に立てそうな気がしました。社会の役に立てるのならある程度のお金を得られそうですし、何より経験が得られます。こうした経験を得られる機会を失うのは大きな損です。「このまま会社員を続けると損をする」と思いました。

ひとつ誤解していただきたくないのは、会社員でいることがダメなのではありません。会社員でいる方が自分にとって必要な経験ができたり、喜びや達成感が得られるのであれば、当然会社員を続けるべきです。私も会社員時代たくさんの経験や喜びをもらいました。フジテレビには感謝しています。当時の私は「これ以上の経験や喜びは得られない」と感じていたから辞めたというシンプルな話です。ただ、即断できたわけではなく、もちろんアレコレ考えてのことでしたが、どれだけ考えても正解が分かるわけはないので、「とりあえず起業する」ことにしました。

「やり方」はあとで分かる

新たなことを始めるとき、「ノウハウがない」「知り合いがいない」など不安要素は多々あるものです。しかし、それは当たり前のことです。

初めて自転車に乗れたのはいつだったでしょうか。私は、5歳くらいだったと思います。マンションの駐車場で親に支えてもらい練習して、転んで泣いたりしながらなんとか乗れるようになりました。でも、改めてよく考えれば、自転車に乗るという行為はかなりリスクがありますよね。大きな怪我をする可能性だってあります。

しかし、やってみたからこそ漕げるようになり、漕げるから早く手軽な移動ができるようになったたし、天気の良い日に風を感じながら疾走する気持ちよい体験もできたわけです。仕事においても同じです。とりあえずやってみると、技術やノウハウはあとから勝手についてきます。

私が起業するときには、「何をやる会社か決めない」ということを決めました。「〇〇をする」と決めると、それ以外のことをやるときにどうしてもブレーキがかかるからです。特に今は変化が激しい時代です。「〇〇会社」と決めていると、その〇〇という業態が急に社会から不必要になったとき、ピボット（事業転換）する必要があります。私の会社は「何をしても良い会社」ですし、ピボットの必要もありません。とにかく何でもできる会社です。厳密に言えば「何もできなかったけど何でもできるようになった」感じです。

最初はやり方が分からなかったりノウハウがないのは当たり前です。でも一度でもやればそれは経験になります。「こんなことってお願いできる?」「こんなことで困ってるんだけど何かいい方法はないですか」このような相談をいただきます。私は即答します。「できます！」「あります！」。やったことがなければもちろんやり方は分かりません。しかし受けたからには必死でやります。調べたり、分かる人に聞いたり、あらゆる方法でやり方を考えます。カジュアルにできることであれば、試しにこっそりやってみたりもします。

そして、今では知らないことでも自信を持って「できます！」と言えます。これは「知らないことや初めてのことにどう対応すればよいか」を知っているからです。

私が顧問をしている会社に「ハウスクラフト」というハウスメーカーがあります。社長の遠藤さんという方が、まさに「とりあえずやってみる力」の権化みたいな人です。もともとは大工だった人ですが、ハウスメーカーを起業しました。自分がまったく知らないことも気にせず、どんどんやります。あまりにどんどんやってしまうので心配になって「大丈夫ですか？」と聞くと、「よく分からないけど、とりあえずやってみます」と言ってどんどん経験しノウハウを溜めていきます。当初外注していた広告も、ある日、自分ですべてやるようになっていました。インスタも早々にアカウントをつくってフォロワーも10万人近くになり、今や立派なメディアになっています。結婚式場も始めました。全国の工務店向けに新しいSaaSのWebサービスもつくりました。素晴らしい経営者だと思います。

「とりあえずやってみる力」のある人は、雪だるま式に経験やノウハウを溜めていきますから、周りから見るとものすごいスピードで成長しているようにも感じます。しかし本人の中ではコツコツと「とりあえずやってみただけ」という認識です。

とりあえずやっていれば得られたかもしれない経験や利益は、「とりあえずやらなかった」ときに気付くことができません。これがとても恐ろしいことです。私はこの「気付くことができずに失う経験や利益」をとにかく避けたいと考えています。しかしもちろん「気付いていない」のですから完全に避けることはできません。だからこそ、いつも「とりあえずやってみる」姿勢でいることが大切なのです。

行動することのハードルを下げて、とりあえずやってみる。その経験をノウハウや知見として、やれることをさらに増やしていく。それが「とりあえずやってみる力」というスキルです。

信用力

私が会社員を辞めた後「辞める前と辞めた後で何が一番違う？」とよく質問されました。私はずっとこう答えてきました。「人に信用されるようになりました」。すると相手は一様に驚きます。一般的には有名企業の従業員でいるほうが信用があると思われていますから、「会社を辞めたほうが信用される」とは考えられないわけです。ここからは「信用とは何か」という話になります。

信用の定義が変わった

従来、信用力というものはビジネススキルとして語られてきませんでした。スキルは「個人が獲得できる能力のようなもの」ですが、信用は「肩書や資産や学歴などに紐づく、名前や数値で客観的に判断できるもの」だったからです。たとえば、「東大を卒業して三菱商事の社員で高級住宅街に住んでいる人」は信用できそうですよね。そういう肩書や資産や学歴があるならば、「当然良い人で能力も高い素敵な人に違いない」と思われていたということです。あくまで信用は「客観的事実」であって、「個人の能力や人柄」とは切り離されていました。

しかし、信用の定義はいま急速に変化しています。私は会社を辞める数年前から、起業家や経営者とよく食事をするようになっていました。それは意識高く情報収集しようとしていたのではなく、単純に興味があったからです。当時は若手起業家や経営者が目立ち始めていたころで、会社員の私には彼らがとても輝いて見えましたし、羨ましくもありました。そのころに、人事異動もあり、私は熱中していた仕事から離れることになりました。深夜も休日も厭わず取り組んでいた仕事でしたので、少し気落ちしていたタイミングでもありました。

時間的には余裕ができたので、私は周囲にいる起業家や経営者の友人の仕事を手伝い始めました。フジテレビは当時は副業ができなかったので、就業時間外に無報酬でやっていました。そうした「手伝い」はとても刺激的でしたし、学びもたくさんありました。

社会的にはボランティアのようなものですが、私の中では彼らとの仕事は本気でやっていたつもりでした。しかし、どんなに長くどんなに力を注いでも、彼らとの間にはいつもどこか壁を感じていました。それは、私が会社員だったことが原因でした。彼らの事業に何があっても、私に責任はありません。責任はないどころか、いつでも会社員だけの立場に戻れるわけです。こんな中途半端な状態で信用されるわけないですよね。今思えば当然のことですが、自分の甘さや無力さを感じる、悔しく寂しい出来事でした。

そこからは、さらに社業で関わりのない人と会う機会を増やすようにしていました。自分が社会に必要とされている実感が欲しかったのだと思います。

たくさんの人と会いました。たくさんいろいろな話をしました。しかし、結局最後は「どうしたらフジテレビの番組で取り上げてもらえるか」「どうしたらフジテレビからお金をもらえるか」という話になることがほとんどでした。相手は私がフジテレビの社員だから会おうと思ったし、「フジテレビと何かできるかも」と考えているわけです。これもとても当たり前の話ですし、これが一般的な「信用」ということなのです。

私は会社員時代、それなりに多くの経験や実績を積み上げてきたつもりでした。番組はもちろんイベントやゲームや広告など、それなりのノウハウを持っているつもりでしたし、再現性のあるロジックも持っているつもりでした。私にはたくさんの「タグ」がついていると思っていました。しかし、それは違いました。社会的には「テレビ局社員」というタグしかついていませんでしたし、少なくとも「私個人」は信用されていませんでした。

このとき私は「会社員の肩書は、本当の信用を得るのに支障になる」と感じました。とりわけフジテレビの肩書は相手にとってのメリットを分かりやすくイメージさせてしまうので、余計に支障となりました。私は「信用してもらうため」に会社を辞めました。

会社を辞める理由をたくさんの上司や同僚に聞かれました。「私を必要としてくれる人の役に立ちたいから」と答えました。当たり前ですがあまり理解はしてもらえませんでしたが、そこには「私個人が信用されたい」という想いを込めていました。

起業後、最初にもらえる仕事は小さなものでした。世の中では無名で、金額も少ない仕事です。しかしその仕事はまぎれもなく「私個人」への信用で与えられた仕事でした。一生懸命やりました。しんどいこともありましたが精神的なストレスはありませんでした。

こうした小さな仕事も実績になりました。その実績が少し大きな仕事に繋がり、また実績になります。経験したことのない仕事ばかりでしたが、その都度勉強して出来るようになっていきました。「私個人」にどんどんタグがつくようになりました。タグができると、それがまた実績となって別のタグができます。多種多様なタグがつきました。そうして「私個人の未来に期待を感じさせる」のに十分な量のタグがつきました。

信用の概念は大きく変わってきています。今まで信用と思われていたのは「どの会社に勤めているか」「どんな学校に通っていたか」「お金はあるのか」ということです。つまり信用とは「過去」の出来事でした。

このような信用は「実は信用できない」ということに世の中が気付き始めています。「信用があるのか」を知りたい場面がどういうときかと言えば、「新しく知り合った人と今後なにか一緒にするとき」です。「この人に頼んでいいのか」「預けていいのか」「一緒に仕事をしてもいいのか」。つまり信用とは「未来に対する期待」であり、「その人に自分の未来を託せるか」ということなのです。

優秀な人たちや社会的に成功している人たちは、人の所属先はほとんど気にしません。むしろ、「どんな人なのか」「どんなことがやりたいのか」つまり「自分の未来に関わる人なのかどうか」に関心を持っています。

未来志向で自由に動き回る

ここで、これからの時代における信用力の構成要素を、改めて3つに整理します。

1つ目は「成功失敗の如何を問わず、何度も行動に移している人」です。実績は必ずしも成功事例だけではなく、失敗でも立派な実績になります。以前は「失敗はネガティブなこと」と捉えられていましたが、失敗のない人は、今では「失敗すらできない人」という評価になっています。

動いている人は必ず失敗の経験があります。そして、物事のスピードが速い今の時代は「動かないことの機会損失が大きい」という認識があります。失敗してひどい目に遭ったり、恥ずかしい思いをしたとしても、そういう経験も含めて何か「やってみた」話は、その人が「未来に何かを実現させる力を持っている」と感じさせ、信用に値するのです。ビジネスの現場では、結果はともかくなんでも進めていく実行力が求められています。ビジネスパートナーとしても、ひとつの大きな成功をした人よりも、小さくてもたくさんの挑戦をしている人のほうが組みたい相手と思われます。

2つ目は「未来志向な人」です。「自分のことを信用してほしい」という思いが強いと、どうしても過去の実績を話すことになります。会話のきっかけにはなるかもしれませんが、信用とは直結しません。

変化の早い現代では、過去の実績も「そのタイミング、その時代だから出来たこと」という認識になります。「それってガラケーの時代だから」とか「それってまだ

ＡＩが発達する前だから」と考えられるわけです。過去の事ばかりを語る人よりも、未来志向の人のほうが魅力的です。「一緒にいるとワクワクする」「何か楽しいことがあるかもしれない」と感じさせる力は立派なビジネススキルです。

３つ目は「自由度の高い人」です。今、スピード感を持って物事を動かしている人たちは、フリーランスの人に積極的に声をかける傾向があります。どこかに所属している人と交渉するのは手間がかかるためです。どこにも所属していない人は自分で判断できるので、会話も早く進み重宝されます。ここで言いたいのは「フリーランスになって仕事をしましょう」ということではありません。いま急速にフリーランスの需要が高まっている理由は、その「自由度の高さ」です。自由度が高いからビジネスパートナーとして頼もしいと思われています。

自由でいるためには「責任」が伴います。責任と自由は表裏一体ですから、自由度の高い人は「責任を取れる人」、言い換えれば「決定権がある人」ということになります。「じゃあ出世しろってことだよね」と言われそうですが、組織においてはそうとも言えます。組織のエライ人は、「肩書きがエライ」から信用されているのではなく、速くて責任が取れる人、つまり「自由度の高い人」だから信用されることになります。この差は大きな違いですので、理解しておくと組織の中で仕事をする上で役にたちます。

もちろん、ファイナンス的な部分では、どこかの会社に所属していることは重要な信用要素です。そして、いまだに所属名や肩書きによって、信用できるか判断する人がいるのも確かです。しかし、時代は随分と変わってきています。

成功か失敗かはともかく「たくさんのチャレンジができる」という実績をもって、過去の自慢話よりもワクワクするような未来を語り、「責任感とスピード感」をもってできるだけ「自由に動き回る」、それがこれからの時代の「信用力」というスキルです。

第3章

身を守る

chapter 3

Protecting Yourself

優先順位力

物事の優先順位は「緊急度や重要度で判断する」のが一般的です。では、その緊急度と重要度はどう測るのかということになりますが、あまりにもケースバイケースで「物差し」になりません。「物差し」がないから優先順位を間違えることになります。しかも、優先順位は「間違えていたことに途中で気付く」ことができません。結果がでた後、「あっちを先にやっておけばよかった」「あれを大切にすべきだった」と感じる性質のものです。ですから、まずは無理矢理にでも「物差し」を設定します。

優先順位は四次元的に考える

私がお薦めしたいのは、まずは「明日地球が滅亡するとなったら、何をするか」です。優先順位を考えるスタート地点は、こういうイメージでいいと思います。少しおかしいですかね。でも分かりやすいですよね。

もし、明日地球が滅亡すると分かっていたら、会社に行くことはないでしょう。大切な人と美味しいものを食べたり、綺麗な景色を見て過ごしたいと思いますよね。また、貯金しても意味がないですから、全財産を使って贅沢な時間を過ごすことでしょう。現実的には、「明日に地球滅亡」となったときお金を使えるような社会状況ではないとは思いますが。あくまで例えなので社会システムはそのまま保たれているとします。

では、それが一か月後だったらどうでしょうか。あまり変わらないでしょうか。では、10年後だったらどうでしょう。毎日贅沢していればすぐに破産します。

「まったく働かず」というわけにはいかなくなってきます。仕事をするにしても仕仕事の選び方も変わってくるかもしれません。いずれにせよ、自分の力ではどうにもならない終わりがあるとして、「それまでにどれだけの時間があるのか」で緊急度は変わってきますし、「人それぞれの価値観」によって重要度も変化していきます。

多くの人は「未来は存在するものだ」という前提でいろいろ考えます。未来は○年先までしかないと考えてみてください。何かしら基準を設定して逆算で考えれば、

優先順位は四次元的に考える

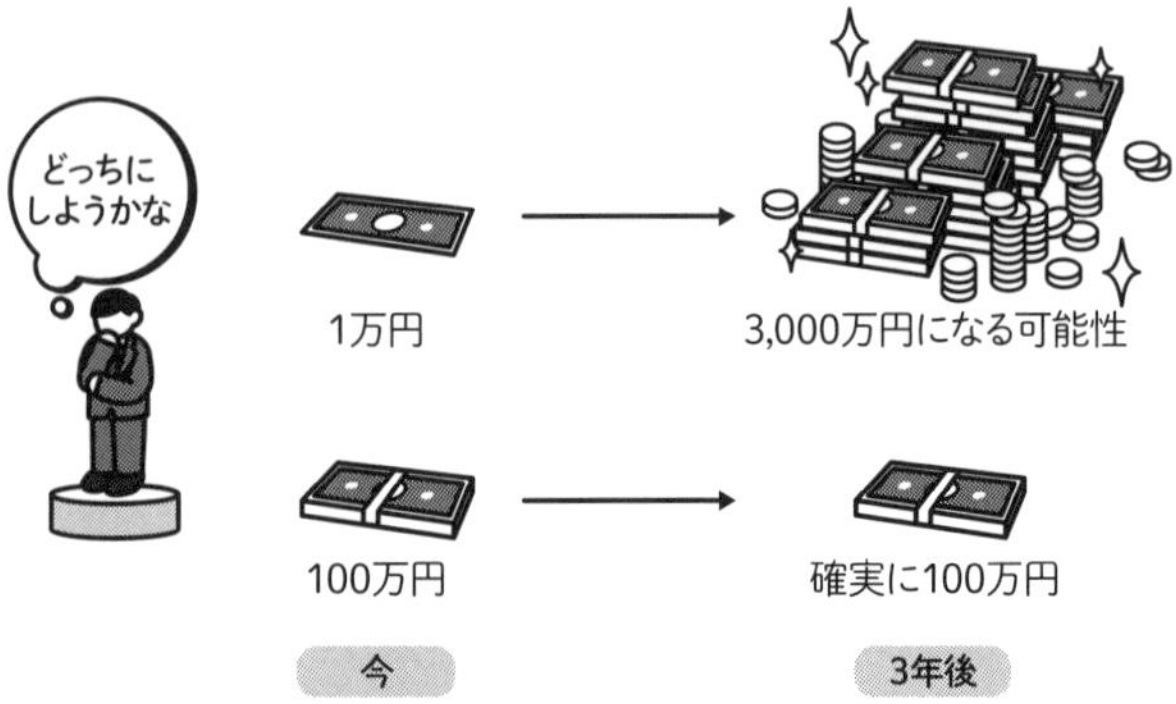

優先順位の輪郭が見えてきます。

この考え方を土台として別の例え話をします。もし仮に、100万円貰える仕事と1万円貰える仕事が目の前に提示されているとします。どちらも同じような内容の仕事である場合、当然100万円の仕事を優先しますよね。しかし、1万円貰える仕事をすると、1年後には3000万円貰える仕事に繋がる可能性があるとしたらどうでしょうか。1万円の仕事を選択する可能性が出てきます。「今日中に100万円稼がなければ会社が潰れてしまう」というような状況ならば、目の前の100万円の仕事をするでしょう。しかし、そうでないならば、1万円の仕事が3年後に

3000万円に化けるかもしれない可能性を検討する視点も大事になってきます。

別の例でお話しします。企画会社「オヨヨプランニング」の若手社員ユウキさんには、抱えている仕事が2つあり、ひとつはスーパー「ジモトダイスキ屋」の集客イベント「1000体フィギュア展」の仕事で、締め切りは今日です。もうひとつは菓子メーカー「オカシタベスーギ」の仕事で、締め切りは7日後です。「ジモトダイスキ屋」の仕事はちょうど1日あれば終わります。「オカシタベスーギ」の仕事は6日間かかるので、両方やると合計ぴったり7日間です。このとき普通は、今日が締め切りの「ジモトダイスキ屋」の仕事を優先しますよね。ところが「オカシタベスーギ」の仕事のことを調べてみると、今日中にある程度やっておくと、同僚のショウコさんとコウスケ先輩に手伝ってもらえる状態になり、ユウキさんが費やす時間は2日間で済むことが分かりました。こうなるとどうでしょう。できることなら「オカシタベスーギ」の仕事を優先したくなりますよね。そこで、ダメ元で「ジモトダイスキ屋」の仕事の締め切りを調べてみたら、なんと本当の締め切りは明後日だということが分かりました。こうして合計7日間費やす仕事を3日間で終わらせることができました。めでたしめでたし。

このように、優先順位は、緊急度や重要度だけで判断するのではなく、そこに、将来性という視点を取り入れて、四次元的に考えると間違えにくくなります。また、将来性を気にしながら物事を進めるということは、その可能性を常に確認することになりますよね。「優先順位はその間違いに途中で気付きにくい性質だ」と言いましたが、「四次元的」に優先順位をつけていると、間違えていても修正できるようになるのです。これはつまり「物差しがある状態」ともいえます。

公私を分けない

ビジネスで優先順位を考えるとき、当たり前にビジネスの範囲の中で考えます。プライベートはつい切り離しがちです。ですから仕事を頑張るがあまり「仕事と家庭とどっちが大事なの？」という伝統的なセリフが出てくることもあります。

優先順位力として大事な視点の一つに、「公私を分けずに判断する」ということが挙げられます。オヨヨプランニング社のユウキさんは仕事が忙しく、しばらく彼女と会えていません。彼女はスポーティーで冗談ばかり言う面白い人です。今週末はひさしぶりにゆっくりできそうなので、彼女と温泉旅行にいくつもりでした。しかし金曜日、クライアントであるオカシタベスーギ社でトラブルが発生します。新商品のチョコ菓子「ウマスギモンダイ」が想定外の大ヒットで生産が間に合わずキャンペーンを大幅に見直すことになりました。部内中大騒ぎです。オカシタベスーギ社も困り果てて助けを求めてきたようでした。部内で会議した結果、この週末は「みんなで休日出勤してオカシタベスーギ社を助けよう」ということになりました。部長も「ポケットマネーで出前寿司をとるから」と言ってくれて、同僚のショウコさんやコウスケ先輩もやる気満々、ちょっとしたお祭り状態です。マンガやドラマでもありそうなシチュエーションです。

彼女との時間を優先する人もいれば、仕事を優先する人もいるでしょう。いずれにしても、それまでに仕事とプライベートを並べて考えてこなかったとしたら、こういう場面で判断する基準がなくなります。公私に区別なく優先順位の物差しを持っている人とは、選ぶ力に大きな違いが出ます。

ここでお話したいのは「ビジネスを優先しよう」とか「プライベートを優先しよう」ということではありません。「将来性を考える」ということには、仕事だけではなく「自分の気持ちと環境」の将来も含めることが大切だということです。

これからの時代は公私の区別がなくなっていきます。また、人の行動は「好きだから」という個人的な気持ちを動機にする割合が増えてきます。それは仕事においても同様です。公私を分けると生産性も低下するので、公私を分けることにあまり意味がなくなってきます。仮にそういう時代がまだ先だったとしても、少なくとも物事の優先順位を考えるとき、公私を区別することに無理がでる時代になってきています。

あらゆる物事に対し優先順位をつける際に、公私の区別なく「これは自分の人生にとって、今どれだけ意味があるか」とか「これを逃したとき自分は後悔しないか」と考えるのがシンプルです。結局、優先順位を考える尺度で大事なのは「幸福度」です。緊急度や重要度、そして将来性という物差しも、すべては幸福のために存在します。ですから、優先順位を付ける際は「自分がどういうときに幸福を感じるか」を確認しておくことが肝心です。

私は、家族が一番大切です。優先順位の圧倒的上位に位置しています。極端に言えば、「家族が幸福でいられるのであれば、仕事がどうなってもいい」とさえ思っています。もちろん仕事がめちゃくちゃになって家族が幸せでいられるかはまた別問題ですが。ちなみに家族の次に大切なのが睡眠です。一見並列にならなさそうなことだと思います。ビジネスとも遠い気がします。しかし私にとって家族を大切にし、睡眠を重視することはビジネスとも直結します。

私はとても寂しがり屋で弱い人間です。ですから、「自分だけのためにお金を稼ぐ」ということができません。「自分の存在を認めてくれる家族のため」という動機がないと働けません。また「私はとにかく寝ないとダメな人」です。極端にダメになります。頭も悪くなるし、機嫌も悪くなるし、体調もすぐに悪くなります。何より思考がネガティブになって何もやる気がおきません。もうビジネスができる状態ではなくなります。ですから、私の物差しでは「家族と睡眠を優先すること」が、ビジネスをする上で合理的な判断になります。

たまには自分の性格や性質をちょっとだけ振り返ってチューニングしてみてください。自分が「普遍的に大切にすること」や「何をすると幸せに感じられるか」を確認することをお薦めします。その上で公私区別なく、将来性を重視して四次元的に優先順位を決めていく、それが「優先順位力」というスキルです。

同時進行力

同時進行とはその名の通り「いろいろな仕事や事柄を同時に進める」ということです。ビジネスシーンではよくマルチタスクなんて言い方もしますよね。なんだか忙しそうですし、疲れそうです。実はそれは逆です。ひとつだけのことをするよりも同時進行している事柄が複数ある方が、物事は進みやすいですし、心の負担も減ります。具体的に同時進行させるテクニックをお伝えする前に、なぜ同時進行したほうが良いのかお話ししたいと思います。

同時進行すると物事が進む

まず分かりやすいのは「シナジーが起こりやすくなる」ということです。私は会社員のころ、テレビ番組をつくる仕事をしていました。起業後も続けていましたが、それとは別にソフトウェア開発をするPOST URBANという会社を創業しました。

一見関係ないように見えるかもしれません。しかし、その二つの仕事があることで、多くの企画が進みやすくなっています。

そのひとつに「17歳だけが集まる」という企画があります。私がテレビ局員だった頃に考えた企画でしたが、なかなか実現させることはできませんでした。たしかに、テレビ番組だけの企画として考えると、どこにでもありそうですし、レガシーメディアが若者に迎合して失敗しそうなコンセプトです。しかし、同時にインターネットの中で「17歳だけが集まる」サービスがあって連動していたらどうでしょうか。急に企画が立体的になって可能性を感じます。

逆に、Ｗｅｂやアプリのみで「17歳だけが集まる」サービスを作ろうとしても、いまさら既存のＳＮＳと戦える気はしませんし、そもそもどう世の中に認知してもらうかのか現実味がありません。しかし、「テレビ放送のリーチ力」という要素との掛け算によって企画の弱点が埋まってきます。「17歳だけが集まる」という同じ企画に対して、テレビ番組をつくる仕事とソフトウェア開発という仕事の両方からアプローチできるからこそ、実現可能性が増したのです。

余談になりますが、私は「テレビ」はこのような活用の仕方に大きな可能性があると常々考えています。テレビの価値はそのリーチ力です。たくさんの人に伝えるのが難しい「複雑なルール」や「高度な概念」などは、テレビ番組として「噛み砕いて分かりやすく」したり「笑いを交えて興味を持ちやすく」表現することが最適です。そして、圧倒的なリーチ力で訴求させます。これができると、広めづらいことが理由で実現できないサービスや商品を世に出すことができます。テレビ局はそこから大きな収益を得られる可能性があります。このあたりの話は長くなってしまうのでご興味あれば私のYouTubeなどで見ていただければと思います。

もう一つ企画例をお話しします。私は起業後にマンガの原作をいくつかつくりました。それをきっかけとしてマンガに関わるいくつかのビジネスに関わることになります。私の原作はヒットしませんでしたが、マンガを作るという工程やその難しさと、これからのビジネスにおけるマンガの大きな可能性を知ることができました。

するとその数年後、電子コミックストアを運営しているviviONという会社の谷島さんという方から「マンガのおもしろい原案をたくさん集めたい」という話がありました。オリジナルのマンガを多く出版していくにあたり「人が直感的におもしろそうだと感じる設定はそう簡単にはたくさん生み出せない」という課題がありました。一方、私はたくさんの芸人さんと多く関わっていましたから、芸人さんが「架空の設定やコンセプトを創造する高い能力があること」を知っていました。そこで、大喜利でマンガの原案となる設定を生み出し続ける『設定さん。』という動画コンテンツを思い付きました。『設定さん。』はYouTubeで配信され大きな反響を呼んでいます。『設定さん。』は、私が何も分からないままにマンガの原作を作ったから思い付いたし、実現した企画です。

谷島さんはとても優秀なマーケターで他にも仕事でご一緒していますが、そもそも知り合ったのは私が書いた本を読んでくれたのがきっかけです。私が「ビジネス書の執筆という仕事を同時進行していた」ということも企画が生まれた理由のひとつです。

マンガの原作にチャレンジしようと思ったのも、ビジネス書を書いたのも、「マンガの原案を生む動画コンテンツをつくるため」ではありません。『設定さん。』は、私が「動画制作」や「マンガビジネス」や「ビジネス書の執筆」を同時にやっていたから生まれたのです。

スティーブ・ジョブズの有名な「コネクティング・ザ・ドッツ」という考え方があります。「過去の経験が、その当時は思いもよらなかったことに活かせる」「いろいろなことをしていると、その点と点が繋がってくる」という意味で「どんなことでもムダなことはないよ」という話です。「同時進行」で得られるシナジーも意図せず起こりますから「コネクティング・ザ・ドッツ」的です。

多角経営は「ベースとなる事業にシナジーがあるように構築する」のが一般的です。大きな規模であればそういう考え方が無難です。しかし、「シナジーを生もうとして無理矢理に同時進行する」とあまりうまくいきません。意図せずに「興味があったからやる」「縁があるからやる」「なぜか巻き込まれたからやる」そんな自然な流れで進める方がお薦めです。シナジー前提だと、シナジーが起こらなければ失敗だと感じますし、ストレスになります。ですから「シナジーはあくまで結果として起これぱいい」という心構えで、経験を溜めていくのがよいでしょう。「将来何かでコネクトするかもしれない点」を打っていくつもりで進めていれば、それは「いつか利益を生む資産」として捉えることができます。

ひとつのことに打ち込むのはとても素敵なことですが、ビジネスにおいてはたくさんの経験が武器になります。「信用力」のところでお話した通り、「たくさんの経験があれば、それが失敗でも信用に繋がる」時代になりました。しかし、時間は有限です。ひとつひとつ順番にこなしていれば時間が足りませんから同時に進めていく必要があります。「マルチタスクが苦手だから」と、新たな出会いや仕事を逃すのは機会損失ですし、もしかしたらその中に人生を大きく好転させることがあるかもしれません。

同時進行すると気持ちが落ち着く

もうひとつ同時進行をお薦めしたい理由は、多くのことを同時にしていると「精神衛生が保てる」ということです。マルチタスクは一見「あれもやらなきゃ、これもやらなきゃ」で精神衛生的に悪そうですがそうではありません。「ある一つのことが失敗しても、他にも進行している様々ことがあるので問題ない」と思えることで気持ちの余裕が生まれます。「一つの失敗によって過度に落ち込んだり、時間を浪費すること」もなくなります。

また、仕事Bを進めることで仕事Aが好転するケースが多々あります。それは、気持ちの切り替えになるからです。仕事Aが忙しいときこそ、少しの時間を見つけて仕事Bで息抜きすることができます。散歩のようなリラクゼーションももちろん良いのですが、生産しながら息抜きできればもっといいですよね。例えば、私が共同創業したPOST URBAN社の難波代表は、朝から晩まで仕事でコーディングに没頭しています。そんな彼の息抜きは、趣味としてのコーディングです。一般的には理解しがたいですが、彼の心身は健全で、楽しく充実した日々を送っています。

「タスク」とはもともとラテン語の「税」を意味する言葉で、その後「仕事を課す」「労役」といった意味に転じ、「課せられた仕事」を指す言葉として一般化しました。ですから、タスクというと「重々しい」「しんどい」などのイメージとリンクします。

同時進行するにあたって大切なのは、「なるべくタスクだと思わない」ということです。仕事は、効率的に自分の経験値を上げて、信用を積み上げ、ときには息抜きにも使える「道具」です。しかも「お金を貰いながらできてしまう」。そんな考え方ができれば同時進行力のスキルが備わっていると言えるでしょう。

管理しようとし過ぎない

同時進行のやり方で役に立つかもしれない具体的なテクニックをお伝えします。私は自分が代表を務める「ジェネレートワン」という会社の他に、複数の会社を経営をしています。また常時、20~30件のプロジェクトを進めています。クライアントからいただいてる仕事もありますし、自社の事業もあります。いろいろな人から「どうやってタスク管理しているのか」と聞かれます。

まず、大前提として「不必要に管理しようと考えない」ことです。逆説的ですが、「管理しようとすると管理できない」気持ちになります。私はたまに、自分が今どんな案件に関わっているのか書き出してみるときがあります。すると、簡単に50件を超えてしまいます。こうなると正直うんざりしますし、進んでいない案件があると、「何故か」と考えたり「自分がいい加減なんじゃないか」とネガティブな感情になります。冒頭でプロジェクトの数は20〜30だと言いましたが、それは「いま認識して進めて管理している案件」の数です。管理していないものは数えていません。

仕事が忙しい人ほど、実は「仕事を管理しすぎている」傾向があります。同時進行は「たくさんの事をやる意欲」に意味があります。しかし管理しようとしすぎると「とりあえずやってみたい」という意欲が減ります。このように同時進行力は「とりあえずやってみる力」と相互作用します。同時進行することが当たり前になっていないと、やってみたいことがあっても順番待ちになってしまい、「とりあえずやってみる」ことができなくなってしまいます。

とは言っても、管理しないのはビジネスパーソンとしてどうなのかと思いますよね。もちろん最低限の管理はします。それは「締め切りの設定」です。

私は「仕事で一番大切な約束事は締め切り」だと思っています。「締め切り」は敵のように感じるときもありますが、味方です。私はコンテンツをつくるとき、締め切りがあるから完成させることができます。締め切りがないと「もっとこうしたい」「ここはやはりあのままの方がよかった」などといじり続けて、いつまでたっても完成させることができません。ゴールが遠い道のりも辛いですが、ゴールが分からないでいるのも辛いものです。本書も実は何度も書き直しています。締め切りがないといつまで経っても出版できません。

ですから、締め切りがある仕事はもちろんのこと、締め切りがない仕事にも締め切りを設定します。しかし、急な案件が入ってきて締め切りが重複することもあるでしょう。そこで使うのが「優先順位力」です。公私を含めた四次元的な優先順位に沿って調整しながら進めていけばよいのです。締め切りは優先順位を決める上でひとつの目印になります。

締め切りを設定しなくてよいものは、「忘れ去られてもよい案件」ということです。同時進行していくと締め切りのない案件は往々にして記憶から無くなっていきます。稀に思い出すときもありますが、それは「そのタイミングに何かしら縁や意味がある」と考えて、また少し優先順位を上げたりもします。

また、締め切りがあると「逆算でスケジュールを組む」ことができます。タスク管理が苦手と思う人は、この「逆算で考える」ということが抜けていることが多い

締め切りの設定

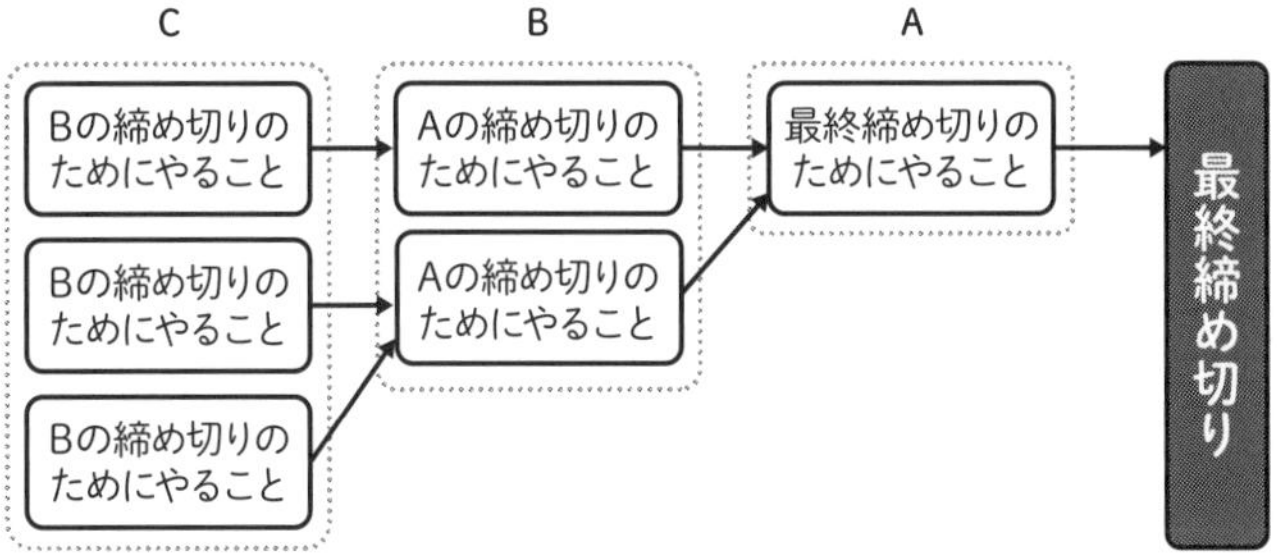

です。

クライアントからの依頼や、上司からの指示には、意外と「締め切りが設定されていないこと」が多くあります。おおよそでも締め切りを確認したり、締め切りがなければ自分で勝手に設定して、そこから逆算で進行します。

最終的な締め切りがあれば、「その締め切りまでにやること」が出てきますよね。そうしたらその「締め切りまでにやること」の締め切りも設定します。その締め切りにまた別の準備があれば、さらに締め切りを設定します。

こうなると締め切りだらけで、締め切りに追われて辛そうですが、「仕事が終わらない」「タスクがこなせない」ということの原因のほとんどは、「締め切りが可視化されてないこと」が原因です。仮に手一杯だったとしても、途中に小さな締め切りがあれば、「最終的な締め切りに間に合わない」ということに気付くことができます。気付くことができれば誰かに助けを求めたり、上司やクライアントに早めに相談もできます。本当の締め切り直前で間に合わないことに気付くよりは遥かにマシです。

また、仕事の多くは複数人で進めることが多いと思います。人数が多ければ、メンバー間での合意形成に時間がかかって、プロジェクトが進まなくなることがよくありますよね。こういうときは、先々の会議の予定を決めてしまうことです。可能であれば締め切りに向けて必要になりそうな回数分、すべての会議を設定してしまいます。私は、締め切りまでに必要そうな会議は片っ端からGoogleカレンダーに入れておきます。仮に進行していることを忘れていても、カレンダーを見るたびに思い出せます。そうすると、「いちいち進行管理しなくても管理されている状態」にできます。

一人でやる仕事だったとしても、私は誰かにお願いしてミーティングを設定します。ブレストなどと称して、相手に私の仕事の進行を報告します。同僚でも友人でも付き合ってくれる人なら誰でも構いません。「進行を止めないために誰かとのミーティングを設定する」のです。自分一人だけで進める仕事をカレンダーに入れていたとしても、忙しければスルーしたり他の予定で上書きしがちですが、誰かを巻き込んでいたのならそうはなりません。

このように最低限の管理とは「あまり管理しなくてもいいように管理する」ということです。禅問答のようですよね。

同時進行するということは、たくさんのタスクを自分に課したり、自分を追い込むことではありません。多くの選択肢を持つことで発想の可能性を増やしたり、逃げ場をつくって気持ちを楽にさせることです。これが「同時進行力」というスキルです。

自分時間を増やす力

時間は有限です。「限られた時間の中で、どう仕事を進めていくか」はビジネスパーソンのみならず多くの人が課題に感じていますよね。書店にはタイムマネジメントについて書かれた多くの書籍が並んでいます。タイトルを見ると「ＴｏＤｏリストの活用術」や「スケジュールの立て方」などについて書かれているものが多くあります。もちろん、そうしたテクニックも大事かもしれませんが、これらは密度を高めたり作業効率を上げたりと、あくまで「物理的な生産量を増やす」考え方です。しかし私は「幸福度」という視点から時間管理を考える必要があると考えています。一つ一つの仕事に対する幸福度を高めることで、モチベーションを上げ、結果として生産量を増やすことに繋げます。

自分にしか分からない仕事で裁量を増やす

私は今、タイムマネジメントに対してほとんどストレスを感じていません。「経営者なんだから、そりゃ自分の時間を管理しやすいよね」と思うかもしれませんが、それは少し違います。私は「ストレスが少なくなるような環境を作っているから、ストレスを感じずにいられる」のです。

会社員時代も、どういう風に過ごしていたかと言われれば、とにかく「自分で管理できる時間をいかに増やすか」ということばかり考えていました。具体的には「自分に任せてもらえる仕事を増やす」ことです。

私はテレビ局で番組制作をしていましたが、そのとき私がずっと考えてたのは、「自分の企画を通す」ことです。それは「自己実現」とかではなく「自分でコントロールできる時間を増やす」ためでした。

当時の私が所属していた「編成部」というところは「番組を管理する仕事」と、「番組を企画制作する仕事」がありました。「営業局」から異動したばかりの私は番組のつくり方なんてもちろん分かりませんから、「他の人がつくっている番組」を管理する仕事から始めることになります。「他の人がつくっている番組」に対して裁量権はありませんから、自分の時間をコントロールできません。しかし、自分の企画で、自分がプロデューサーとして集めたチームで番組を指揮できていれば、自分の時間をコントロールできるようになります。これは「企画を通して実現したから、自分の一人前として認めてやる」とか「仕事で結果を出してるからお前のワガママを聞いてやる」ということではありません。単純に「高瀬にしか分からない部分が増えてくるから、高瀬に任せざるを得なくなる」という理屈です。

裁量権は、一般的には「役職に付随するもの」と考えられがちですが、「他人には見えないような深い部分」は役職者も判断しようがないので、「結果として現場責任者に裁量が与えられる」という状態になります。

組織というものは、「一人では限られる生産量を増やすため」に存在します。端的に言えば、「役職者や上司がすべての仕事にかまっていると生産性が低くなるので、仕事の大部分を部下や現場にまかせる」ことになります。これが組織の存在理由の大きなひとつです。これを逆手にとれば、上位の役職者ではなくても、自分の時間をコントロールできる場面を増やすことができます。

「自分に任せてもらえる仕事が多い」環境では幸福度が高まります。それは「仕事を自分にまかせてもらえる」という喜びもありますが、それよりも「自分の時間を自分でコントロールできるようになること」が大きな理由です。ストレスは「自分で物事を決められないとき」に感じます。国内２万人に対するアンケート調査と研究では、所得、学歴などよりも「自己決定」が幸福感に強い影響を与えることが分かっています。［※参照］

私が「自分に任せてもらえる仕事を増やす」ことを考え、実現してきたのは、単純にワガママだったからです。厳密に言えば、「ワガママに過ごしたいけど、ワガママに振舞えるほど精神が強くないので、ワガママに過ごせるように環境を整えようとしていた」感じです。

［※参照］　神戸大学社会システムイノベーションセンターの西村和雄特命教授と同志社大学経済学研究科の八木匡教授「幸福感と自己決定―日本における実証研究」全国の20歳以上70歳未満の男女を対象にした国内2万人に対するアンケート調査

小さな仕事から領地を増やす

本書を書くにあたっていろいろと思い返していましたが、会社員時代も起業後も、私はつくづく「自分の時間をコントロールできる状況を増やすこと」ばかりを考えていた気がします。もう少し強く言えば、「いかに自分がコントロールできる領地を増やすかの戦い」でした。

「会社員だから」とか「経営者だから」という立場はまったく関係ありません。経営者でも「自分の時間がコントロールできない」と嘆いている人はたくさんいます。自分の時間をコントロールできている人は、「自分にしかできない領域、自分にしか分からない領地」をどんどん増やしています。

そうしたくても「忙しくって、新しい仕事なんてつくっている暇がない」ということもあるでしょう。「信じられないくらい忙しい」という時期はありますよね。よく分かります。しかし、そこから抜け出すための方法はやはり「自分で仕事をつくる」しかありません。「自分にしかコントロールできない状態」や「他人や上司が関

自分時間が増えていくイメージ

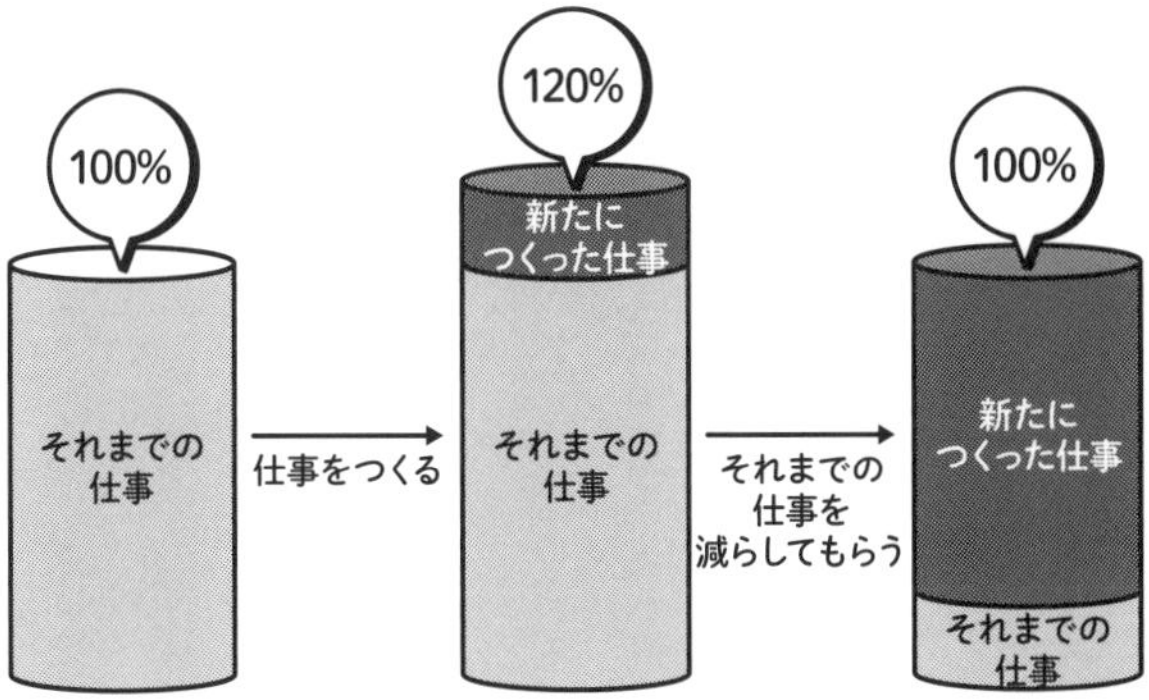

与できない環境」をつくるのが最善の解決法です。もちろん、新たな仕事をつくると瞬間的にはさらに忙しくなります。めちゃめちゃ忙しくなるでしょう。「それまでの仕事」と「新たにつくった仕事」が重なる時期があるからです。しかしそれは環境を変える過渡期ですので、理屈抜きの頑張りどころです。すると不思議と「それまでの仕事」が減っていきます。

「新たにつくった仕事」は会社からすれば新たな生産分野ですから、将来的に利益が見込めるのであれば「元々やっていた仕事は減らして、君が作った仕事に使う時間を8割にしていいよ」となります。元々やっていた仕事が「自分以外の人もコントロールできる仕事」だったとすると、それは「他の人でもできる仕事」ということですから、「自分しかコントロールできない仕事」が生まれれば、「それまでの仕事」は他の誰かに移されていきます。

「とはいえ難易度高いよ」と感じる人もいるかもしれません。では、どうするかといえば、やっぱり小さいところからでも徐々に広げていくしかありません。ここで、たいしたエピソードではありませんが少しだけ私が新入社員のころのお話をします。

私が新卒入社後、最初に配属されたのは営業局でした。もちろん仕事のことなんて何も分かりませんから、上司や先輩から指示を受けてやるようなサポート業務がほとんどです。もちろん自分に裁量はありませんし、自分の時間をコントロールなんてできません。

ある日、懇親目的の社内ボーリング大会があり、営業局が優勝しました。すると上司から「せっかく優勝したし、その〝報告〟を営業フロア内に貼り出したいから、翌朝までに作ってくれ」と言われました。まさに新入社員がやらされがちな「どうでもいい、仕事とも言えないようなこと」ですよね。ただの張り紙です。上司も私に負担をかけるつもりもなく、テキストのみでＡ４サイズのシンプルなものを想定していたようでした。

しかし、私は学生時代からフライヤーのようなものをつくるのが好きだったこともあり、やる気になってしまいました。仕事終わりの22時くらいだったでしょうか。グラフィックデザインをしている友人がいたので、「ごはんを奢るから」と頼み、彼の家におしかけ一緒に作ってもらいました。結局一晩中かかりました。

すると、その張り紙が予想外に評判になりました。他の部署や、社外の広告会社の人からも「あのポスターみたいなのいいね」と話題になりました。それがデザイン的に優れてたというよりも、「ただの社内のボーリング大会の結果報告ごときにここまでやるの？」という感じです。当時は簡単にグラフィックデザインできるアプリもありませんし、ＡＩで生成することもできませんから「アイツは暇なのか（笑）？」と、そんなものに工数をかけた意欲を褒められます。そもそもそんな「張り紙」に誰も期待していませんでしたから、ハードルが低く簡単に目立つことができました。

それ以来、レイアウトやデザインに関わる仕事をふられるようになりました。社外に向けたセールスシートなどでも、デザインやキャッチコピーにアイデアや意見を求められるようになってきます。デザインやコピーなど、広告的な表現を考えるのは元来好きなことでしたから、俄然仕事が楽しくなります。すると「さっき頼んだデザインの仕事が忙しいだろうから、あっちの仕事はやらなくていいや」と仕事の配分も変わってきます。自分がコントロールできる時間が増えてストレスは軽減されていきました。

一方で「アイツはやっぱりモノ作りとかクリエイティブなことが好きなんだな」と、私のキャラクターや好きな仕事の種類も周囲に浸透して、後に希望する部署へ異動するきっかけにもなりました。

ほんのちょっとしたどうでもいい仕事なら、「自分がコントロールできる領域にすること」はそんなに難しいことではありません。小さな仕事は、リスクが低く実績をつくりやすいですし、なによりも自分の裁量で進められる可能性が高いです。自分で好き勝手にできてストレスも小さくできます。これが「自分で管理できる時間を増やしていく」ということです。

小さな仕事で裁量を増やす

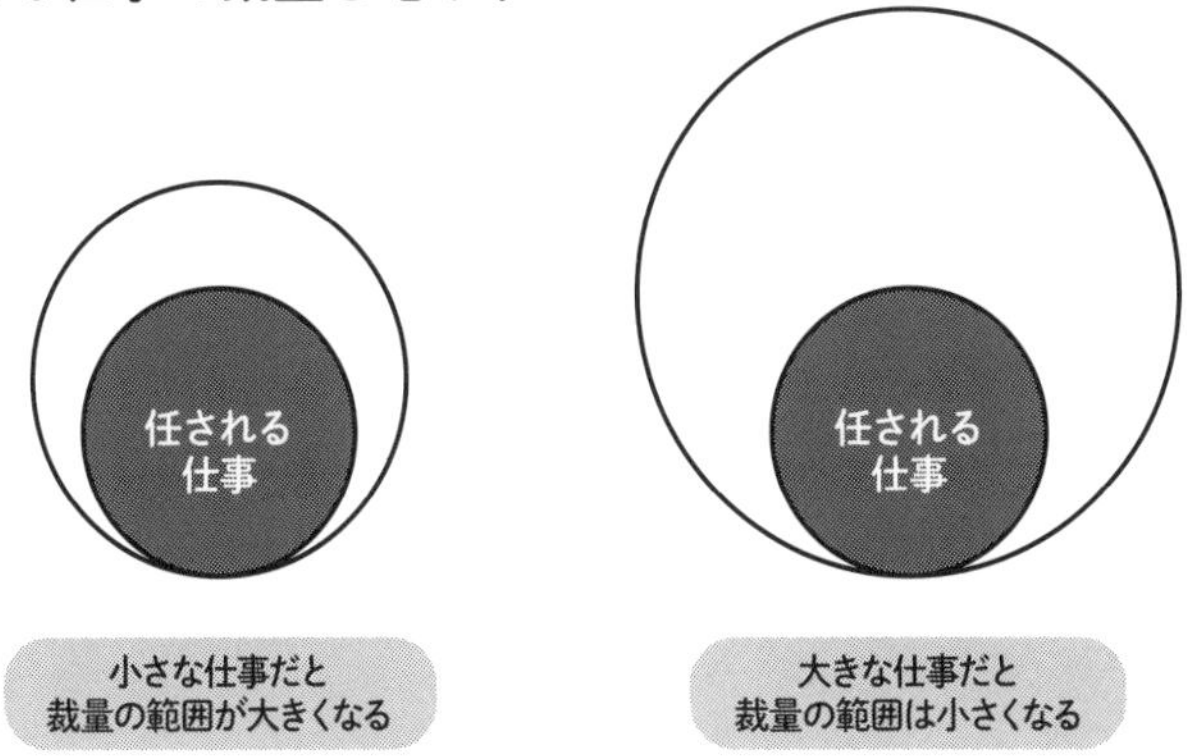

動機は「ワガママに自分の時間をコントロールしてストレスなく仕事したい」ということで構いません。結果として、自分で仕事をつくり、自分が仕切って、上司や役職者が管理できない状態にする。実はこの状態は「組織としては生産力を増やせる理想的な状態」ですし、経営者から見れば頼もしい存在です。会社の業績アップにも寄与できますし、自分の評価も上がります。これが「自分時間を増やす力」というスキルです。

投資力

投資の話は、私が尊敬する藤野英人さんの著書や、私も仕事で関わっているYouTubeチャンネル「お金のまなびば！」など、造詣の深い方の書籍や動画がたくさんあるので、そういうものを観ていただいた方がよいのですが、ここでは「今の時代に改めて確認しておいた方がいいかもな」ということを少しだけお話します。

お金は使わなくても減るもの

そもそも日本の教育はお金の話が少なすぎます。日本は資本主義経済ですから、ビジネスはもちろん、生活していく上でもお金の知識は必要不可欠です。

まず、お金の起源は物々交換からですが、交換したいものがないと交換できなかったり、大きなものを交換するのは大変ですから、「小さくて価値が下がりにくい他の物」と交換するようになります。たとえば布や革や塩などですが、これを自然貨幣や物品貨幣と言います。しかしこれらは製造が容易にできてしまったり価値も普遍的ではないので、鋳造貨幣や紙幣が生まれていきます。

このように「これにはこれくらいの価値がありますよ」という「信用」を具現化したのがお金です。お金は「場所や時間を超えて価値をやりとりすること」を可能にしました。このあたりの話はたまに耳にしたこともあるかと思います。「お金は信用をやりとりするための道具にすぎない」「だからお金は使わないと意味がない」というような話です。これらは本当に真理なのですが、この真理を実生活において活用している人は少ないと思います。「やっぱりお金は貯金しないと不安」「それってお金持ちだから言えること」のような感覚です。これもまた当たり前の感覚です。私も小心者なので、「お金は信用の形にすぎないからバンバン使おう」という気持ちにはなかなかなれません。

しかし、そんな小心者だからこそたどり着いた結論があります。それは「投資しよう」ということです。なぜその結論に至ったかと言えば、それは「お金は減るものだから」です。

「お金は使わなければ減らない」と思っていませんか。お金は使わなくても減ります。厳密には、今までは減らなかったのですが、最近は減るようになってきました。その理由は物価です。いままでの日本はデフレでした。これからインフレです。物価が上がるということはお金の価値が下がるということです。お金は見た目の数字は変わっていなくても、価値は日に日に下がっていきますから、お金が減っているのと同じことになります。

デフレの期間はとても長かったので、40歳代以下の人は「物価が上がらない状態を当たり前」のこととしてビジネスをしてきました。ですから多くの人はインフレの状態でビジネスをするということに慣れていません。「お金は減る。減る前に物に変えたり、別の価値を生み出す物事に使う。そうしないと損をする。」こういう思考が必要です。この思考が「投資する」という考え方です。いずれこの思考パターンが当たり前になりますが、皆が慣れてくるのにはもう少し時間がかかるでしょうから、この思考を持てること自体がスキルになるとも言えます。

何に投資するかは人生のタイミングで変わる

そしてもうひとつ重要なことは「何に投資するか」ということです。その答えは人生のタイミングによって変わります。お金は社会状況や時代によって価値が変わりますが、使う人の状況によっても変わります。

「お金を物事に変えて価値を高めていくこと」が投資ですが、物事には「経験」も含まれます。若いときにする経験はレバレッジ[※05]が無限大です。その経験が後に大きな財を生む可能性が高いです。たとえば、10万円あったとします。18歳のときにできる経験と70歳のときにできる経験に違いはあるでしょうか。仮にそのときの感動が同じで、得られる経験値も同じだったとしても、その経験を生かせるチャンスは若い人の方が圧倒的に多いわけです。「若いときにたくさんの経験をしたほうがいい」というのはこういう理屈です。しかも経験は自分の中だけに存在しますから減ることはありません。盗まれたり無くなることもありません。お金を「無くならない減らない資産」に変えることができるのです。

レバレッジ[※05]　小さな力で大きな物事を動かす、「てこの原理」のこと。金融業界では、少ない資金で大きな金額の取り引きができる仕組みのこと。

「お金は使わなくても減る。だから投資して別の価値に変える。価値は人生のタイミングで変わる。だから若いうちは経験へ投資する。その経験がまたお金を生む。」このことだけを知っておいてください。そうすると、「お金をいつ何に使うか」「それは投資なのか浪費なのか」を考えたり振り返ったりするようになってきます。このようなお金への意識は人生を豊かにするだけでなく、身を守ります。それが「投資力」というスキルです。

コンプレックス力

向上心は、使命感や興味から生み出されると思われがちですが、少し違います。これらの気持ちがあれば知識や技能は無意識的にでも向上します。「好きこそものの上手なれ」という言葉もあるように、本来は好きなことを仕事にする方が、ストレスもありませんし生産性は高いです。このことを前提として、「自然には知識や技能が向上しないこと」の原動力となってくれる「コンプレックス」について考えてみます。

コンプレックスが富を生む

強い向上心はコンプレックスがエネルギー源です。コンプレックスを原動力に向上するというのは、少しネガティブなやり方のようですが、私はとてもポジティブに考えています。なぜならコンプレックスは多くの人が潜在的に持っているものであり、実は「コンプレックスを原動力に向上するという考え方が、コンプレックスを解消したり、コンプレックスを抱えて生きていく上で有益」だからです。

ちなみに私はコンプレックスの塊です。「何をそんなにコンプレックスを感じるんだ」と思われるかもしれませんが、私なんかよりもはるかに社会的に力があり、お金持ちで、尊敬も集める知人も皆、深いコンプレックスを持っています。彼らがなぜ尊敬されるビジネスパーソンになったかと言えば、コンプレックスをうまく利用してきたからです。

私は幼少期のころから自分を他人と比較するタイプでした。勉強やスポーツや容姿など、自分よりも優れた人を見るたびに劣等感を感じていました。とりわけ人気者と言われるような存在のクラスメートや、社交的で快活な性格の友人のことを羨ましく思っていました。「自分には本当の友達なんていないかも」とずっと孤独と不安を感じていました。また、思春期のころは、街に出て遊んでいる人や大人の世界を知っている人に劣等感を持っていました。

一般的にコンプレックスがあっても、逃げる人が多いです。私もそうでした。コンプレックスを乗り越える努力をして「劣等感を抱いていた部分を愛おしく感じられるようになる」ならそれが最善ですが、容易ではありません。そこで、「コンプレックスはビジネススキルを向上させる原動力である」という思考の転換が役立ちます。極端に言えば、コンプレックスを感じるたびに「この感情は自分に富をもたらすのだ」と考えるのです。これは、成功していると言われている人たちの多くが実践しています。

有名なサービスやコンテンツを生み出したり、大金持ちになったりした人は、「不幸な環境で育っていたり、満たされない気持ちを抱えていた」という話がよくあります。マーク・ザッカーバーグやイーロン・マスクなどの世界的成功者が、モテなかった青年時代や、人種差別を受けた経験を力に変えたという話はよくあります。お笑いや音楽で成功した人の多くが、その成功プロセスを「モテなかったヤツの逆襲だ」と表現していたりもします。

「発信」は負のエネルギーから

そもそも「発信そのものが負のエネルギーだ」とも言えます。「哲学は寒い国で生まれやすい」という話もありますよね。もちろん暖かい地域にも哲学者はいますが、「陽気な雰囲気よりは陰鬱とした雰囲気の方が思考が深くなりやすい」というひとつの例えです。

発信の代表たるものは芸術です。昔の人は何か発信したいとき、芸術以外で発信することはできませんでした。そして、名作として残る芸術作品は負のエネルギーの表現であることが多いです。貧困や失恋など解決しがたい状況や、自分の思考や想いを周りの人に理解してもらえない苦しみを、キャンバスや木や楽器にぶつけたわけです。昔はコミュニティが狭いですから、「ちょっと異質」というだけでも受けるストレスは相当なものだったろうと思います。

では、現代ではどうかと言えば、ＳＮＳで同じことが起きてます。怒りや悲しみと言わないまでも、ちょっとした疑問や違和感のシェアも、程度の差はあれ負のエネルギーの発信です。そういう意味ではSNSの発信は芸術活動とも考えられます。「満たされてる人ってSNSやらないよね」なんて揶揄も一時期よく聞かれたことですが、「芸術的な負のエネルギーの発信」という文脈だと少し納得ですよね。

昔と違うのは、「楽器や絵具が買えなくても簡便に無料で発信できる」ということと、「発信の範囲が数百人の地域コミュニティから全世界数億人になった」ということです。伝わる人数が多くなれば、共感する人と出会う確率は格段に増えます。現代では、負のエネルギーは発信することである程度解消されるので、SNSは溜めたストレスの捌け口にもなっています。それが行き過ぎた結果、炎上や誹謗中傷という社会問題が起きています。

このように「何かを世に放つ」ということには大きなエネルギーが必要で、それは正のエネルギーだけだと足りないのです。

こう考えてみると「発信が苦手だ」と言ってる人は「実は結構、満たされている」という一面が見えてきます。一方「負のエネルギーを溜め込んでる人は、大きな成功を収める可能性がある」ということですから「満たされてても満たされてなくてもどっちでもいい」ということになります。みんなハッピーですね（笑）。

私は、コンプレックスを持たなくなったわけではありません。しかし、コンプレックス自体に悩まなくなりました。それはコンプレックスが原動力になると知ったからです。精神科医アルフレッド・アドラーも言っています。「自分が劣っているから劣等感があるのではない。どんなに優秀に見える人も劣等感を持っている。目標があれば、劣等感があるのは当然だ」。

「劣等感はあって当たり前のもの」と認識して、行動するのに必要なエネルギーとしてポジティブに付き合っていくこと、それが「コンプレックス力」というスキルです。

馬鹿なフリ力

謙虚であることの大切さは、偉大な人ほど説きます。私もそう思っていますが、思っている以上に大切なのだと思います。しかし、謙虚でいることはとても難しいものです。難しいからこそ偉大な先人たちが口を酸っぱくして伝えているのでしょう。

謙虚でいるのは難しい

この本のようなビジネス書を手にしたり、自分を成長させたいと思うような優秀な人こそ謙虚で居続けることは難しいものです。成長していることを嬉しく感じるでしょうし、確認してみたくもなります。自分より優秀だと思っていた人を追い抜いたと感じたりする場面もあるでしょう。「実るほど頭を垂れる稲穂かな」という素敵な言葉もあります。しかし、頭を垂れるのは刈り取られる直前です。すくすく伸びているイネは出穂してもまっすぐピンとしています。若い人や勢いよく伸びている人ほど難しいのです。

また、「自分の態度や話し方」は何も変わってなくても「周りの見方」が変わります。それは「圧倒的な結果」を残したり「社会的や経済的に大きな存在」になると、周りが畏怖心を感じるようになるからです。もともとフランクに話したり、大口をたたくキャラクターだったとしても、「アイツは横柄になった」と思われたりします。

このように、謙虚でいることの大切さには「学ぶ姿勢を保ち成長を続ける」という内的な意味」の他に、「社会的評価に繋がる外的な意味」があります。内的な謙虚さは「とても複雑で奥深いもの」ですからテクニカルに身につく性質のものではありませんが、少なくとも対外的に謙虚な姿勢を見せることはできます。ここではまず、「外的な意味での謙虚さ」について考えてみます。

謙虚さとはキャラクター

まず「謙虚さ」の認識を変えます。そもそも謙虚さとは「心持ちや態度」のようですが、実は「キャラクター」です。ですから謙虚である人は謙虚だし、そうでない人は謙虚ではないのです。ですから自分に自信があり、周囲と折り合いが付きにくい人は「謙虚と思われるために演じればよい」ということになります。

文頭の〝見出し〟では読む人の気を引きたくて「馬鹿なフリ」と横柄に言いました（笑）。本当に言いたいことは「能ある鷹はツメを隠す」です。歳を重ね達観した人は、内面も含め稲穂のように首を垂れますが、「現役バリバリで勢いがあるのに謙虚に見える人」は、実はほとんど「ツメを隠している」状態です。

こんな場面がありました。ある会合です。知人の有名実業家Aさんと、初対面のBさん。あと他数名です。途中からBさんが雄弁に語りはじめます。少し空気が読めていない感じです。しかも話の内容はAさんの専門分野です。Bさんはそのことを知らないようでした。BさんはAさんに「いかに自分がその分野に長けているか」を語っています。私を含め他の同席者は少しハラハラして聞いていましたが、Ａさんは「素晴らしいですね」「なるほどですね」と関心しながら話を聞きます。Ａさんは本来おしゃべりなタイプなのにあまりにもおとなしく聞いているので、私も「あれ？　その話ってＡさんの専門分野じゃなかったかな」と感じるほどです。

そうして会が終わりＢさんは満足げに帰っていきました。その後Ａさんに本音を探ると「よくしゃべる人だよね」「たまにいるよね。ああいう人」というような言い方で実はネガティブな印象だったことを吐露しました。「自分の優秀さをわかってほしい」という想いが先行して、相手への礼儀を欠いたり不快にさせてしまったケースです。Ｂさんは爪を隠せず、Ａさんは爪を隠していたとも言えます。

このように「自分がよく知っていることや、自信のある分野でこそ発言や主張を控える」というのはビジネスの現場で意識しておきたいテクニックです。これは私が尊敬する先輩から言われた言葉で、今でも大事にしているコツです。

自分が詳しいことや得意分野が話題に上がると、「それは○○だと思いますよ」とか「〇〇したほうがいいですね」と、つい言いたくなることがあります。しかし、「自分が詳しいことや自信あること」は強力な武器やカードですから、最初に使ってしまうのは本来もったいないのです。ビジネスは戦いに例えられることが多いですが、自信を持って言える主張は相手を制す最終兵器になるかもしれません。一時的なアピールや自尊心を満たすために使うのは得策ではありません。そこまではないにしても、ここぞとばかりに急に意気軒昂になったりするのもあまり格好良くはないですよね。

ここでひとつ誤解していただきたくないのは、「謙虚ではないキャラクターが悪いということではない」ということです。長所と短所は紙一重ですから、謙虚でなく一見横柄ともいうべき雰囲気が推進力になっている人もいるでしょうし、そのキャラクター自体が周囲の人に愛されている場合もあります。

「自分の強みや成功体験を他者に知って欲しくなる」のはビジネスをしている人なら当たり前の気持ちです。しかし、自分が優秀であるということを安易に伝えようとするのは、逆効果を生む可能性を孕んでいます。実際、「アピール強めの人」に対して好感を抱いた経験はあまりないと思います。自慢話や嫌味のように感じてしまいがちです。

「能ある鷹のツメ」は、どんなに隠してても見える人には見えますし、優秀な人ほど、優秀な人を見分ける力を持っています。安心してください。あなたの良いところは、伝わる人にはちゃんと伝わります。不自然なアピールや主張は必要ありません。

このように外的に謙虚でいると、そのうちに「自分は能ある鷹のつもりだったけど能がなかった」とか「本当は鷹ですらなくてスズメくらいだった」とか「馬鹿なフリしてたつもりだったけど本当にバカだった」と感じることもできるようになります。結果として、「内的な意味での本当の謙虚さ」を心得ることができて、自分を人間として大きく成長させることもできるようになるのです。

寝る力

寝ましょう。最近では睡眠の重要性がいろいろなところで説明されています。ほとんどの人が知っています。しかし、それでも多くの人は寝ません。仕事をする、深酒をする、スマホをいじる、理由は様々です。毎晩同じ時間に寝る必要はありません。とにかく睡眠時間を確保してください。それだけでビジネスはうまくいきます。

「それでも、無理なんだよ」という声も聞こえてきます。しかし、優先順位力のところでもお話ししましたが「何を優先するか」です。私は何よりも睡眠を優先しています。スケジュールを組むときは、常に睡眠時間を確保してそこから逆算して予定を入れていきます。「この日は深酒しそうだな」と思ったら朝予定は入れません。さらに、自然に起きられるタイミングも計算します。

ちなみに私は「入眠時間15分＋90分単位」で睡眠時間を設定しています。睡眠サイクルの話は聞いたこともあると思います。人は一晩ずっと寝ているようで、実は小さな睡眠を繰り返しています。これはウルトラディアンリズムとも言われる生体リズムの一つで、人は約90分単位で繰り返す体内時計を持っています。寝ているときだけではなく、起きているときにも繰り返しています。「会議や講義で集中力が保てるのは90分」と言われる理由のひとつでもあります。人にはいろいろ生体リズムがあり、一日24時間を繰り返すリズムも代表的な生体リズムで、サーカディアンリズムと言われます。

睡眠不足になると健康を害したり、判断力が低下するなど、様々な学問の見地から「寝ないことのリスク」が発信されていますから、ここで細かくお話する必要はないでしょう。本書におけるスキルという点で敢えてあげるとするならば、よく寝てるだけで「考え方がポジティブに働く」ということと「意欲的になる」ことが大きいと思いますし、私も常々実感しています。

ノルウェー科学技術大学の研究でも、睡眠を減らすと、翌朝のポジティブな気持ちが減少することが報告されています。睡眠を一晩減らしただけで喜び、熱意、注意力、満足感が悪化し、三夜後にはさらに低下したそうです。

ビジネススキルを上げる目的は、「仕事を上手くこなしたい」「生産性を上げたい」「お金を稼ぎたい」などでしょう。そのためのスキルを手に入れるにはいずれも一定の労力が必要です。真面目な人や向上心の高い人ほど睡眠時間を削って努力しがちですから、「睡眠はビジネススキルだ」と捉えてみてください。このスキルだけは労力が不要です。寝るだけです。寝れば仕事は上手くこなせますし、生産性は上がりますし、結果としてお金も稼げるようになります。最も楽に結果が出せて、多くの人が軽視しているコスパ最強の力、それが「寝る力」というスキルです。

スルー力

私が起業後に最も向上させた力は、このスルー力かもしれません。「スルーする」というのは一般的に「無視をする、気にしない」のように理解されていますが、ここでいうスルー力も同様の意味です。「ビジネスシーンでスルーする」のは、ルール違反やマナー違反のように感じるかもしれません。しかし現代のビジネスではこのスルー力は本当に必要なスキルなのではないかと感じています。

対処しないという対処

ビジネスをしているといろいろなことが起こります。信じられないこと、予期しないこと、自分の価値観では理解不能なことが起こります。これらの「とんでもないこと」にひとつひとつ向き合っていたら、体と心が持ちません。

私も起業後たくさんの信じられないことが起こりました。「取引先と突然連絡がとれなくなる」「雇っていた人が急にいなくなる」「契約内容が無視される」「味方だと思っていた人が知らない間に敵になっていた」などなど。意図しているのか天然なのか分からない摩訶不思議なことが日常的に起こります。こうしたことは、実は経営者や長くビジネスをしている人であれば〝あるある〟です。

ビジネスにはたくさん喜びがありますが、同じだけショックなことや嫌なことが起こります。こうした「とんでもないこと」に対処していくのがビジネスです。しかし「対処しない」ということもビジネススキルには存在するということをお伝えしたいと思います。ただ、「まったく対処しない」と言うことではありません。「対処しないという対処」をするのです。実は意外なことに「とんでもないこと」ほど少し時間がたつと、勝手に終息したり好転することがあります。「対処することを前提」として、「これはどう対処するか判断するためにも、スルーしてみよう」というイメージです。

真面目な人ほど「とんでもないこと」にもすぐに対処しようとします。そういう人こそ「一旦スルー」をお薦めします。言葉を置き換えるなら、ペンディングとなりますが、冷静になったり心を落ち着けたりする時間を持つということでもあります。

具体的な例では、SlackやLINEなどのチャットツールで連絡が来た際、むやみに対応せず保留します。例えば、怒っている相手からLINEが来たときや、複雑な案件が舞い込んできたときを思い浮かべてください。怒っている相手に何気ない一言を返して火に油を注ぐことになったり、複雑な話を呑み込めていないのに無防備に返信して、ややこしくなった経験があると思います。こういうときは一旦ボールをキープするのも対処です。

「ボールは抱えないほうがよいのでは？」と思う方もいるかもしれません。たしかにマルチタスクをこなす心構えとして、ボールを早く打ち返したり、誰かに渡したりする意識は大切です。ただ、それは通常のビジネスシーンでの考え方です。ここでのお話はあくまで「とんでもない」ことへの対処の仕方です。手元に来たボールを自分だけで持ち続けるのが不安な場合は、関係者や上司と共有するのもよいでしょう。

また、返事が来ないと、相手は「なぜ返事が来ないのか」と考えますよね。一部のチャットツールでは〝既読や未読〟も分かったりします。もし相手が怒っていた場合、「自分が言い過ぎたのではないか」と考えてくれるかもしれませんし、難しいことを言ってきた相手は「自分の伝え方が悪かったのかな」と考え直してくれるかもしれません。「一旦スルーする」ことは、「相手に再考の余地をそれとなく与える」というコミュニケーション技術でもあります。

情報を選択する

最近のビジネスシーンではたくさんの情報が飛び交っています。優秀なビジネスパーソンほど情報を浴びていますし、情報が集まってくる人こそ優秀な人の証でもあります。しかし情報は自分に有益なものばかりではありません。ストレスになったりトラップになったりすることも混ざっています。

最近ではSNSから届くメッセージやリプライがストレスになるケースがよくあります。所謂「クソリプ」と言われるような「心をザワつかせる反応」があって傷ついた経験のある方も多いでしょう。他には、ただタイムラインを追っているだけでも、「自分が落ち込んでいる時に他人の幸せそうな生活を見てしまい、一層気持ちが暗くなる」なんてこともよくありますよね。高度な情報社会を生きる上で、スルースキルを持たなければ平常心でいることもままならなくなります。

スルー力とはつまり「情報を選択する」ということです。上司からの叱咤もフォロワーからのマウンティングも情報です。現代はとにかく情報で溢れていますし、獲りにいかなくても目や耳からどんどん入り込んできます。能動的に獲りに行った情報に対しては、「どんな内容でも受け取る精神的な準備」ができていますが、パーソラナイズやアルゴリズムで最適化された（と思われる）情報は、無意識のうちに受け取ることになります。ある意味で「無防備な状態」で体に入ってきますから、それがネガティブなものだと受けるダメージも大きくなります。

身の回りのたくさんの出来事すべてを情報と捉えて、意識的に選択する。どう考えても「異常なとんでもないこと」に関しては意識的にスルーする。意識的にスルーすることで、自分や相手に冷静になる時間や再考する余地をつくる。結果としてムダな時間や労力を減らし精神的に健全でいること、それが「スルー力」というスキルです。

国語力

この本でお話しているスキルは、「努力しなければ手に入れられない」ことではなく、「考え方ひとつで誰でも簡単に手に入れられますよ」というスタンスでお話してきたつもりです。しかし、この国語力というのは、ご存じの通り「一朝一夕で手に入れられない」タイプのスキルです。しかしこの国語力はとても大切です。

今まで「国語」は小学生や中高生以外には無関係と思われていましたが、近年は大人の国語力が注目されています。ビジネスパーソンに向けた国語力をテーマにしたビジネス書も売れています。

国語力がないと事象や感情を認識できない

国語力は人の「思考や行動に作用」します。そして「自分の感情が何であるかの理解」も国語力で変わります。

たとえば、悲しいという感情には「がっかり」「切ない」「胸が苦しい」など程度の差や悲しさの状況を踏まえた種類がありますが、国語力がないとそれが「死にたい」という極端な表現になったりします。語彙力がないと自分の感情の理解を間違ったり飛躍させてしまうことになります。詐欺に引っかかってしまったり、犯罪に誘われても「それが良くないことだ」と理解できなかったりするのも国語力の問題です。このあたりはノンフィクション作家石井光太さんの著書『ルポ 誰が国語力を殺すのか』で詳しく説明されているのでぜひ読んでいただきたいです。

少し話が逸れますが、「世界で最もグルメな国はどこか」を考えようとすると、当然定義に困りますよね。そこで「味を表す単語が多い言語の国はそれだけ味に対するこだわりがある」と考えた人がいたそうです。一番多かったのはタイ語でした。たとえばタイ語には「甘い」という意味の単語の他に「すごい甘い」「甘辛い」という単語が別に存在します。日本語で表すには「すごい」や「辛い」などふたつの単語が必要になりますよね。適合する単語があると認識に繊細な印象がありますし、区別に対するこだわりを感じますよね。これは単語の話ではありますが、「事象を適切に表現できる語彙量」は自分の認識はもちろん、他者と共有する上でも有用です。ビジネスは「事象を把握し、論理的に対処したり発想する」ということの繰り返しです。しかし「事象を把握する」には、その事象を「適切に言語化」できなければなりませんし、「論理的に対処する」には「筋道立てて考えられる能力」が必要です。かくいう私も国語力に自信があるわけではありません。本を書いていても校正でたくさん直されます。

国語力があるかどうかは判断しにくい

では、どうやって国語力を上げるかと言われれば、「本を読む」というのが良い方法に間違いありません。思考が深かったり話が面白かったり、ユーモアがある人はたくさんの本を読んでいます。ちなみに私はさほど本を読みません。本を書いているくせに恥ずかしい限りです。そんな私がお薦めしたいのは「人と話すこと」と、その話を「要約すること」です。

国語力が少し厄介なのは「自分に国語力があるかどうか判断しにくい」というと

ころにあります。「国語力が足りていないのは国語力がないことが理由」ですから分からないのは当たり前ですよね。ですから相手の話を要約してそれが相手の「意図や気持ちに沿っているか」「本意を汲み取れているか」を判断してもらうのが効果的です。もちろん大事なクライアントとの会議などではなく、友人や職場の同僚で試すのが良いでしょう。ビジネスで求められる国語力とは、「事象を言語化して把握すること」ですから、人の話の要約をすることは実践的なトレーニングになります。

また、併せてお薦めしたいのは「書くこと」です。自分の中にある情報や「なんとなく分かっているつもりのこと」は、「アウトプットする過程で認識を確認すること」ができます。ただ目的もなく書くのはしんどいですから、SNSで発信するのが良いでしょう。いまやSNSでの発信は日常ですし、「個人の力」が問われる時代においては必須とも言えますから一石二鳥です。

具体的にはnoteのように比較的長文で発信するのがベターです。長文は短文と違って構成やストーリーを考えますから、国語力を鍛えるにはもってこいです。内容も自分が好きなことや興味のある分野で充分です。飽きずに長く続けられることが大切です。私はＳＮＳやNewsPicksなどで頼まれてもいない長文をよく書いていました。今思えば書くことが好きでした。中学生のときは競馬が好きすぎて同人誌のような競馬新聞を作って記事を書いていましたし、もっと幼いころは絵本を書いていました。そのおかげか、世の中で発信される記事やメッセージに対して最低限の理解はできているように思います。

このように「会話の要約と長文でのＳＮＳ発信」は、ストレス少なく国語力を向上させるのに良い方法かと思います。結果としてビジネスで起きた事象に対して「論理的に対処したり発想する」ことができるようになります。

物事の考え方や捉え方は「自分の中にある絶対的なもののようで、実はあいまい」です。また、国語力は自分の理解力や想像力を左右します。すぐ身に付くものでないだけになかなかやる気が起きませんが、大切な場面では「自分の認識や思考を別の言葉に置き換えられないか」考えてみるのも良いかもしれません。こうした確認は考えの幅を広げるだけでなく、身を守ることになります。これが「国語力」というスキルです。

逃げる力

「逃げる力」なんてビジネス書ではあまり馴染まないかもしれません。多くの場面では「仕事を変える」とか「会社を変える」とか「環境を変える」などの言葉に変換されるでしょう。しかし、このような言葉になると「現実にはそんな簡単に変えられないんだ」と難しく捉えられがちです。実行できたとしても真面目な人なら「それって逃げてるだけなんじゃ」と自己否定してしまうかもしれません。だから敢えて「逃げる力」をビジネススキルと表現しました。逃げるというのは悪いことではなく、むしろ良いことで立派なビジネススキルです。

「逃げる」という生存戦略

私はたくさん逃げてきました。新入社員のころは、怖い先輩と飲みにいくのが嫌で、いろいろな理由をつけては逃げていました。中堅社員になってからも、プレッシャーのかかる取引先の担当から逃げたくて、その仕事ができないフリをしたこともあります。起業した大きな理由のひとつに「会社員当時の自分を取り巻く環境から逃げたかった」ということもあります。

もちろん「逃げてさえいれば良い」ということではありませんが、「逃げるというカード」もビジネスパーソンとしては持っておいた方がよいということです。そもそも逃げるというのは、動物なら持っていて当たり前の能力です。恐怖や不安から「逃げたくなる」というのは生存本能で、「逃げる行為」は生存戦略そのものと言えます。

もちろんビジネスにおいては「困難や問題に対処する」のが日常です。しかし対処しきれない状況や心理的環境がある時は、まず逃げて「ある程度の安全が保たれる状況」になってから対処すれば良いのです。良さそうな住処を見つけたばかりのウサギがトラに襲われたとします。ウサギは、襲われている最中に「ここには住めなくなるな、ほかの水場やエサ場をどう工面しよう」とか考えていたら死んでしまいます。まずはとにかくトラから逃れることだけ考えるわけです。

危機的な環境でもすぐ対処できたり、ストレスを感じさせない人もいます。そういう人のことを頼もしく優秀に感じるでしょう。しかしその人はたまたまその難局に慣れていたり、ストレスを隠しているだけだったのかもしれません。もしくは自分が難局に感じていただけで、その人にはむしろ得意な状況だったのかもしれません。そして、スマートに仕事をこなしている人も、実は別の場面ではうまく逃げているかもしれません。

恐怖やストレスを感じると、周囲を疑ったりすることもあるでしょう。思い悩んだりすると寝不足になったり、体調を崩したりもします。そのような状況では、仕事もままならないのは当然です。

「逃げる」というのは、実はビジネスの常套手段です。的確に状況分析をして、万一の時は潔く「逃げる」というカードを切ります。投資の「損切り」の感覚にも近いかもしれません。

身を守りながら戦う

実際、私の周りにいる優秀なビジネスパーソンは、実はとても逃げ上手です。嫌なことやリスクからうまく逃げています。これ以上頑張っても無理だという臨界点を見極めることに長けています。それは「逃げるというカードがビジネスにおける戦術のひとつ」であると知っているからでしょう。

このようにお話していると、困難な状況への反応は「向き合って解決する」か「逃げる」の二択のように感じますがそうではありません。どちらも「対処する」という意味では同じで、対処の仕方が違うだけです。これを知っていると、「どのタイミングで逃げるか」を考えながら「向き合って解決する」ことができるようになります。そうすると不思議なもので、少し心のゆとりが生まれて逃げる前に対処できてしまうこともあります。逃げるというカードを「対処する方法のひとつ」という認識で持つと、身を守りながら戦うことができます。

大事なことなので改めて同じようなことを言います。膨大な仕事量に追われてい

逃げるという選択肢

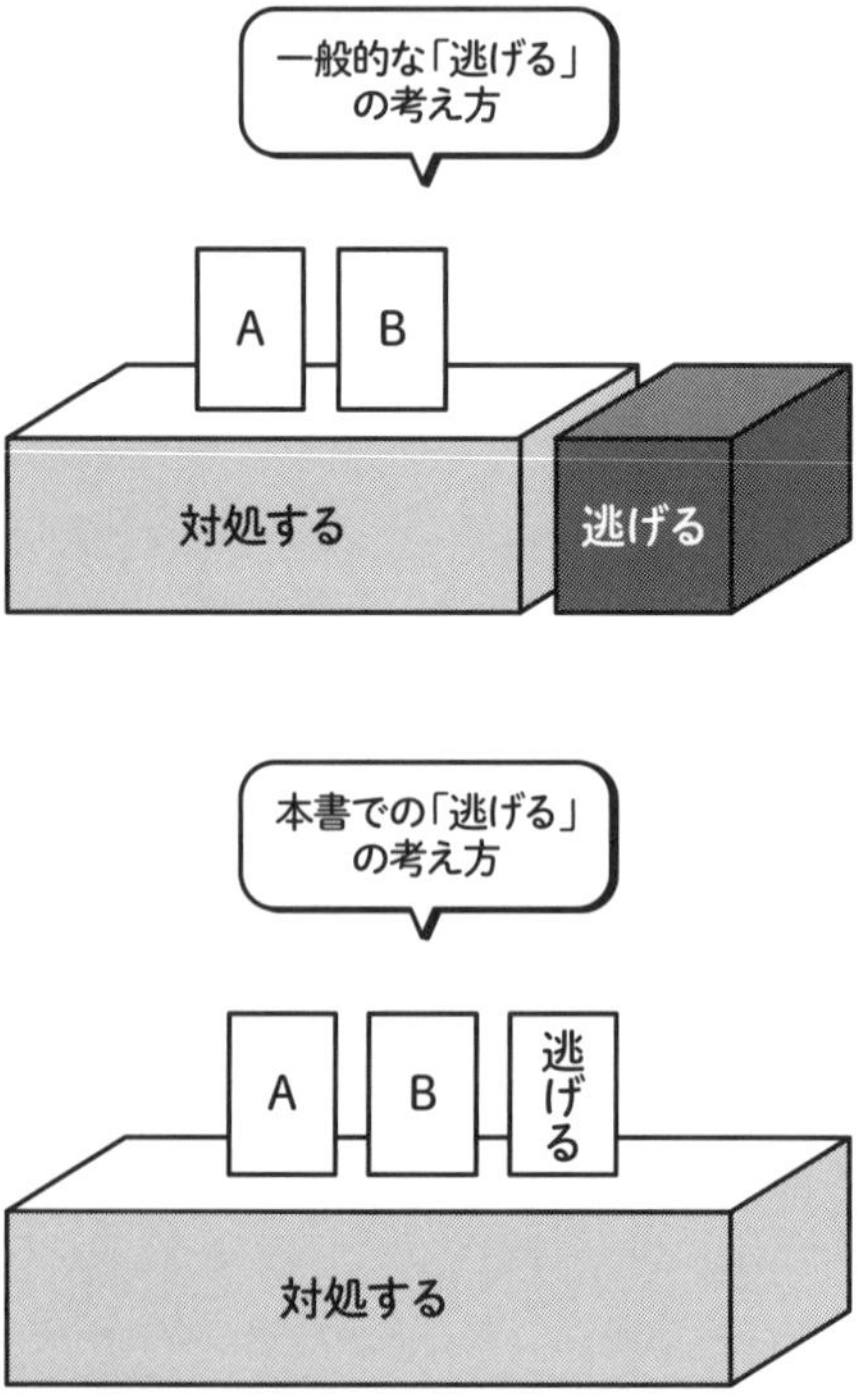
一般的な「逃げる」の考え方
A
B
対処する
逃げる
本書での「逃げる」の考え方
A
B
逃げる
対処する

る時や解決困難なトラブルに見舞われている時、体や心に警告音が鳴り響いているときがあります。「これ以上働けば倒れてしまうぞ」と体や心が警告を送っているはずです。そのサインを無視して無理をしてしまうと、たとえ仕事を完遂してもダメージが大きく残ります。心身に支障を伴う前に、迷わず逃げるべきです。猛暑日にずっと外にいたら熱中症で死んでしまいますよね。空調の効いた涼しい部屋に入るのは「暑さから逃げること」ですが、それは「対処」です。

逃げる時に「なぜ逃げるのか」と複雑な理論構築をする必要はありません。「逃げるのは良くない」という固定観念は想像以上に沁みついています。「ここから逃げないと危険だから逃げる」。それだけです。逃げる先はいくらでもあります。会社を辞める。学校を辞める。生まれ育った土地を捨てる。「人生を左右する大事」と感じるかもしれません。でも、そんなことは絶対にありません。たいしたことありません。逃げることでしか生まれない未来もあるのです。

第

4

章

自由になる

chapter 4

Getting Freedom

楽する力

「楽しようとするな」。昔はよく上司や先輩から言われたセリフです。ハラスメントへの意識の高まりからか最近では見られなくなってきましたが、それでも似たような訓示はあると思います。このセリフが意図するところは「手を抜くとミスするぞ」「適当にやってるといつまでも仕事を覚えられないぞ」のようなことだと思います。これは一部ではその通りです。丁寧に仕事をすることはいろいろな意味で大切でしょう。しかし敢えて言葉尻だけとると「楽しようとすることはいけない」という考え方は間違っています。むしろ「楽しようと考えること」はビジネスにおいてとても有効です。

楽をしたい気持ちがイノベーションの起点

実は社会のイノベーションの起点は「楽するためにどうしたらよいか」考えた結

果であることがとても多くあります。「疲れないようにする」「家から出たくない」「両手が必要なことを片手で済ます」「クリックする回数を減らす」など、すべて「楽をしたい」という気持ちです。エスカレーター、ワンタッチ傘、Ｅコマースの誕生など例をあげればキリがありません。歴史的にテクノロジーの進化は「人の怠惰な願望」が起点になっていることがほとんどです。ですから「楽をするためにはどうしたらよいか」を考えることは、人とビジネスの関係において健全なことです。

例示した「社会を変えるようなイノベーション」は、少し自分事にしにくいかもしれません。もう少し身近に捉えるには、「自分の工数を減らす」「自分のストレスを軽減する」と考えるとよいです。そのためには自動化することが一番良いですが、技術やお金が必要になったりしますから少し難易度が高いかもしれません。最も一般的で分かりやすい方法は「誰かに代わりにやってもらうこと」です。

誰かにやってもらうにしても一般的には対価が必要ですよね。一時的なことなら、友情や人助けなどを動機として協力してもらえるかもしれませんが、長く続けることはできません。対価が名誉や実績の場合もありますが、一般的にはお金です。

楽する仕組み

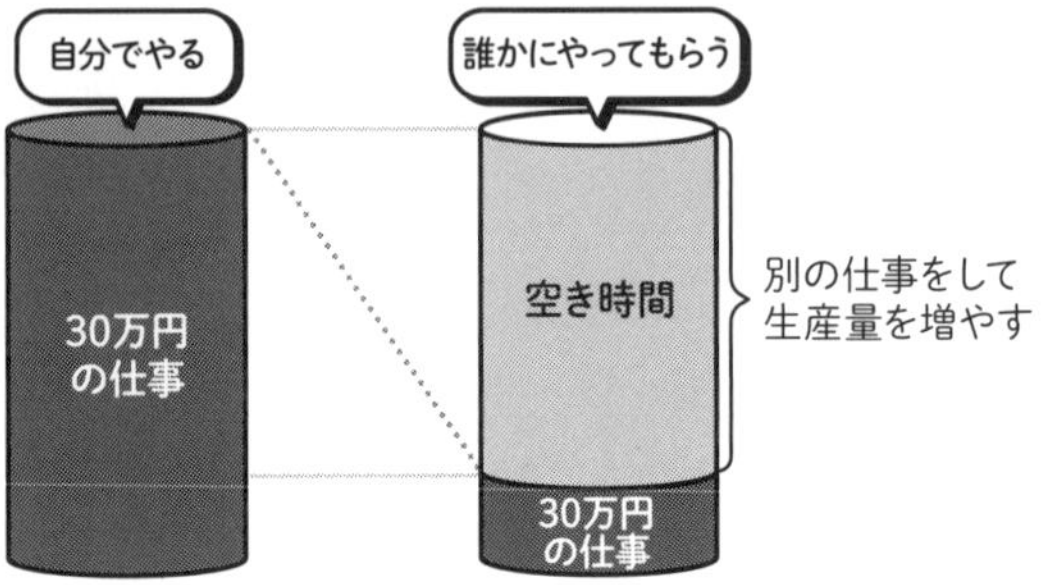

「自分が作業している物事を、お金などの対価と引き換えに誰かにやってもらうこと」、それが「仕組み」です。

例えば、自分が一か月働いて30万円稼げる仕事があるとします。それは「誰でも簡単にできる仕事ではない」のですが、「センスの良い誰かがいれば、仕事を教えることができそうだ」とします。懸命に探してセンスの良い人を見つけました。その人に自分の仕事を教えます。その人は一か月25万円なら継続的にやってくれることになりました。すると自分は何もしなくても月5万円を稼ぐことができるようになります。

この仕組みができると、それまで使っていた時間が自由に使えるようになります。

この時間を使って別の仕事をします。そうすると今までより、たくさんの物事を生産できます。これが「生産力を上げる」ということです。余った時間を使ってつくった仕事をまた他の誰かにやってもらい、それを継続できるようにします。それは何度も繰り返すことができます。

「仕組み」と聞くともっと高度なシステムを想像しがちですが、「自分の仕事を誰かにやってもらって対価を支払う。そうして自分の時間を空けて生産力を上げる」というのは基本中の基本とも言える「仕組み」です。これを「仕組み」と捉えられるかそうでないかでは大きな違いがあります。「仕組み化」できると、構造的には無限に生産力を上げていくことができます。ビジネスとは生産することです。「生産し続けること」が正しいかどうかはともかく、少なくとも資本主義経済において、たくさん生産できるということには高い価値があります。

簡単にお話ししましたが、「仕組み化して生産力を高めることができる人」はビジネスパーソンとして一流です。たくさん生産して、お金を稼ぎ、たくさん納税したり寄付をすると、多くの人を助けることに繋がります。自分には無理だと思わずにぜひ目指してほしいと思います。

とは言え「仕組化しよう」「生産力を上げよう」と思ってもなかなか実行することは難しいですよね。まずは「仕組み化したい」「生産性を高めたい」という意欲を持つことが大切になりますが、その意欲を持つ上でお薦めしたいのが「楽をする」ことです。「自分が楽をするため」なら身近な感じもしますし、いろいろ考えられそうな気がしてきます。ここでひとつだけ意識しておいたほうが良いポイントは「楽な状態を継続するためにはどうしたらよいかを考えること」です。継続できないと楽はできませんし、結果的に面倒なことが増えてしまいます。

自分の存在価値を確認しておく

ここまで、「楽をするための仕組み化」の考え方について書いてきました。ここでもうひとつ、「仕組化を考えるときにあまり言語化されてこなかったけれど、意識すべき大切なこと」についてお話したいと思います。

楽をするための仕組化を進めていったとき、自分の工数は大きく減ります。しかし、何もしなくてよいということにはならず、「仕事を頼んだ人がちゃんとやっているかのチェック」が必要だったり、「社会やその仕事をとりまく環境が変化するたびに、やり方を変える」など、メンテナンスが必要になります。先ほどの例で言えば、30万円の仕事を別の人に25万円でやってもらっていますから、差額の「5万円で管理やメンテナンスの仕事をしている」ことになるわけです。それだとしても一人でやっていたときよりは圧倒的に自分の工数は減るわけですから、それで良いのです。これが一般的な形です。

しかし、仕事の内容や仕組みによっては自分の工数がほぼゼロになる場合があります。これはこれでとても良いことですが、見方によっては「自分がいなくてもよい」ということになります。30万円を稼いでいた仕事が、「自分が創造した仕事ではなく、別の企業から請け負っていた仕事」だとします。するとその企業から見れば、「30万円ではなく25万円でできる仕事だった」と認識することもできます。自分の存在が無価値となれば、その仕事において自分のプレゼンスは失われますし、場合によっては仕事を失うかもしれません。

もちろん現実的には「クライアントとの信頼関係」があったり、そこに「メンテナンス」や「仕事を教える」という価値があったり、「自分が頼んだ仕事だからその人もやってくれている」という場合も多いでしょう。ですから、仕組み化したからといって「自分が無価値になって仕事を失う」ということはあまりないのですが、構造としてはそのように捉えられてしまうリスクがあるのが「仕組み」だという理解は必要です。

コロナ禍における接触確認アプリやオリンピックでの「大手企業の中抜き問題」を思い出される人も多いかもしれません。それがいいか悪いか、その大企業が無価値なのかどうかはさておき、ビジネスにおける「仕組み」の構造と性質を理解する上では良い例かもしれません。

中抜きと揶揄される構造のみならず、実はこうした「仕事と仕事を繋ぐ仕事は省いていこう」とするのが世の中の大きな流れです。卸売や問屋を介さず生産者と小売店が直接取引をしたり、小売店も介さずに消費者と直接取引するＤｔｏＣと言われるビジネスが高く評価されています。

少し話が逸れましたが、仕組み化を考えるときに「自分がどういうポジションでどういう価値を保持しているのか」は確認しておくことが大切です。

仕組みは、最初に構築するときが最も難しく、お金も労力も知恵も必要とされます。その仕組みに参加している関係者や受益者は、最初は「仕組みを考えたりつくってくれた人」に恩義を感じます。しかし、時間がたつと人間の記憶は薄れていくものですから、「仕組みをつくった人の価値」を感じる度合いも減っていきます。一般的に日本人は義理固い性格ですし、手の平を返すような人は少ないかもしれませんが、稀に「仕組みをつくった人」を邪魔に感じて追い出そうとする人もいます。

仕組み化のプロセスの中で、価値の保全をするための代表的な方策が「権利を持つこと」です。権利は一般的に契約によって守られます。これは単純に「利益や立場を失わないため」ということもありますが、信頼する相手だからこそ「後々ムダにモメて関係が壊れてしまう」のを防ぐ意味もあります。仕組みは考えた人やつくった人が敬意を持たれるべきですが、ビジネスの現場にはそう考えない人もいますので注意が必要です。

「楽をしよう」と考えることは悪いことではありません。イノベーションを生み、生産力を高める上で必要な発想です。「いつか必ず楽になろう」「時間の制約からもストレスからも自由になろう」と考え、自分の存在価値を保持しながら「楽に続けられる状態」へ仕組み化していく。その怠惰かつ力強い意欲が、「楽する力」というスキルです。

頑張らない力

楽したり頑張らなかったり、と「お前は働く気があるのか」と怒られそうです（笑）。

仕事で成果を出すためには、頑張ります。頑張り方はそれぞれです。頑張ることはとても良いことですが、私は「その分量」が大切だと感じています。

頑張る目的は成果を出すためです。成果とは、自社の売上を増やすとか、ユーザーが楽しむとか、クライアントに満足してもらうとかですが、これらの成果は「どの程度の頑張りで最大化するか」を見極めることが必要です。そしてこの最大化の指標が「自分にあるのか」「相手にあるのか」の視点を持てるようになるとビジネスに対する考え方が少し変わると思います。

80％の完成度を20％の力で

私はコンテンツプロデューサーとして企画業をしています。映像や商品、サービスや事業など、様々な企画を考えたりコンテンツをつくったりしています。つくるからには良いものにしたいので頑張ります。細かい部分にもこだわってつくってきました。なんでもかんでも自分の時間と力を１００％注ぎました。出来上がったときはとても満足しました。そして、それが商品として世に出るときはワクワクします。自分が頑張って１００％力を注いだ商品ですからヒットしたり高く評価されることを期待します。

しかし、毎回必ずがっかりします。なぜなら「心血注いでつくったものが、そのまま完全に伝わることがない」からです。「ここまでは伝わってるけどここは伝わってない」「ここを分かってくれれば、もっと楽しめるのに」「ここが分からないなんて、もったいない」「これの価値はそこじゃなくてこっちなのに」。頑張ってつくったからこそ、伝わらなかった部分に落胆します。

一方で、ユーザーやクライアントは、充分に楽しんだり満足していました。つくったのは自分ですが、それを評価するのはユーザーやクライアントです。つまりユーザーやクライアントに伝わってない部分があったとしても、それは「不必要なものだった」と言えますし「この世に存在してない」とも言えます。私は徐々に気付いてきました。私がつくっていたのは商品ではなく作品でした。

作品は芸術です。もちろん芸術はとても素晴らしいものです。人類の歴史そのものですし、人が人であるための表現活動だとも思います。しかし、ビジネスにおけるものづくりは芸術作品ではありません。あくまで商品です。

私は根本的に考え方を変えました。「100%である必要はない。80%でいいんだ」「残りの20%は伝わらない部分だから100%にする必要はない」と。では、この80%まで持っていくには何%の力が必要でしょうか。80%だと感じるかもしれませんが、私の感覚では20%で充分です。20%の力で80%の結果は出せます。これは私が優秀だからとか要領がいいからとかではありません。

たとえばフィギュア作品があるとします。大きさは20センチくらいだとしましょう。作り手は細部までこだわるのが普通です。塗装も丁寧に行います。しかしこの

完成度と使うエネルギー

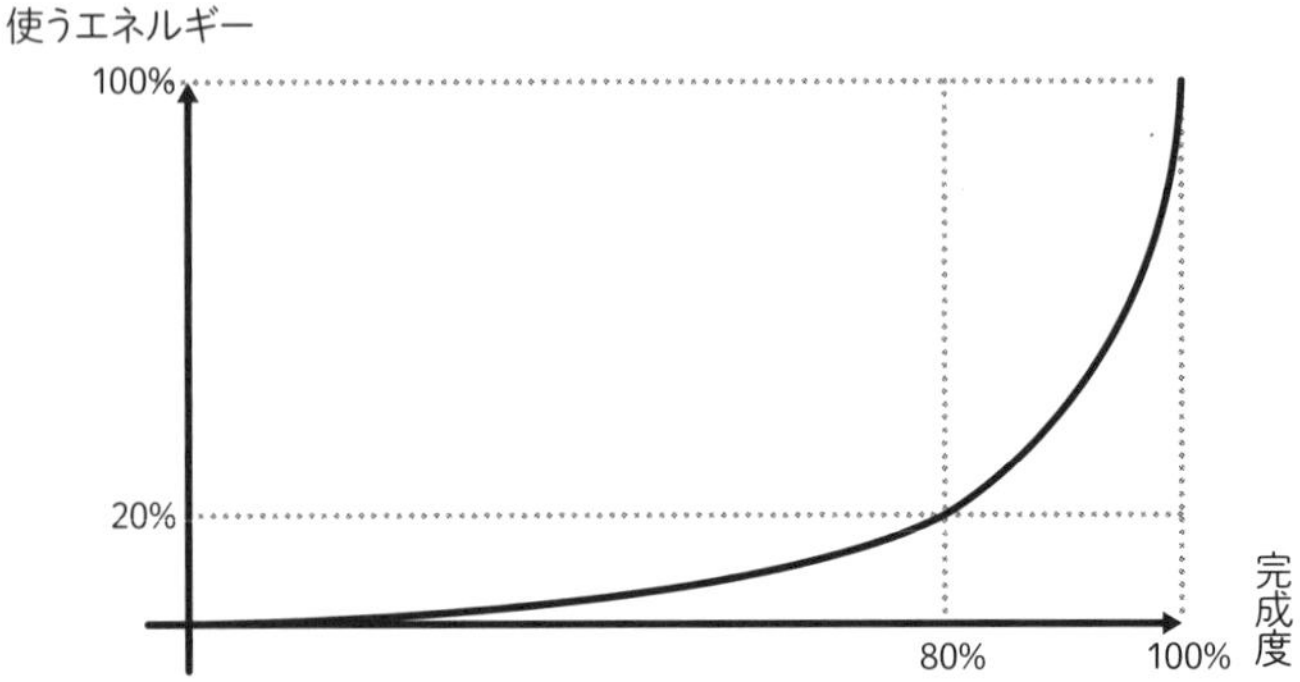

フィギュアは、スーパー「ジモトダイスキ屋」の集客イベント「１０００体フィギュア展」で、その他９９９体と共に展示される予定でした。会場は駐車場でとても広く、30メートル離れたところからしか見学できなかったとします。このとき見学に来た人は、その丁寧な作業と細部のこだわりを残念ながら確認できません。むしろ１０００体のフィギュアが並んでるその数とスケールに感動します。

この例えでは、見学者つまりユーザーに対しては「伝わらないムダな頑張りをした」ということになります。ユーザーだけではありません。このイベントの主催者に対しても同様です。このイベントは「たく

使うエネルギーと生産量

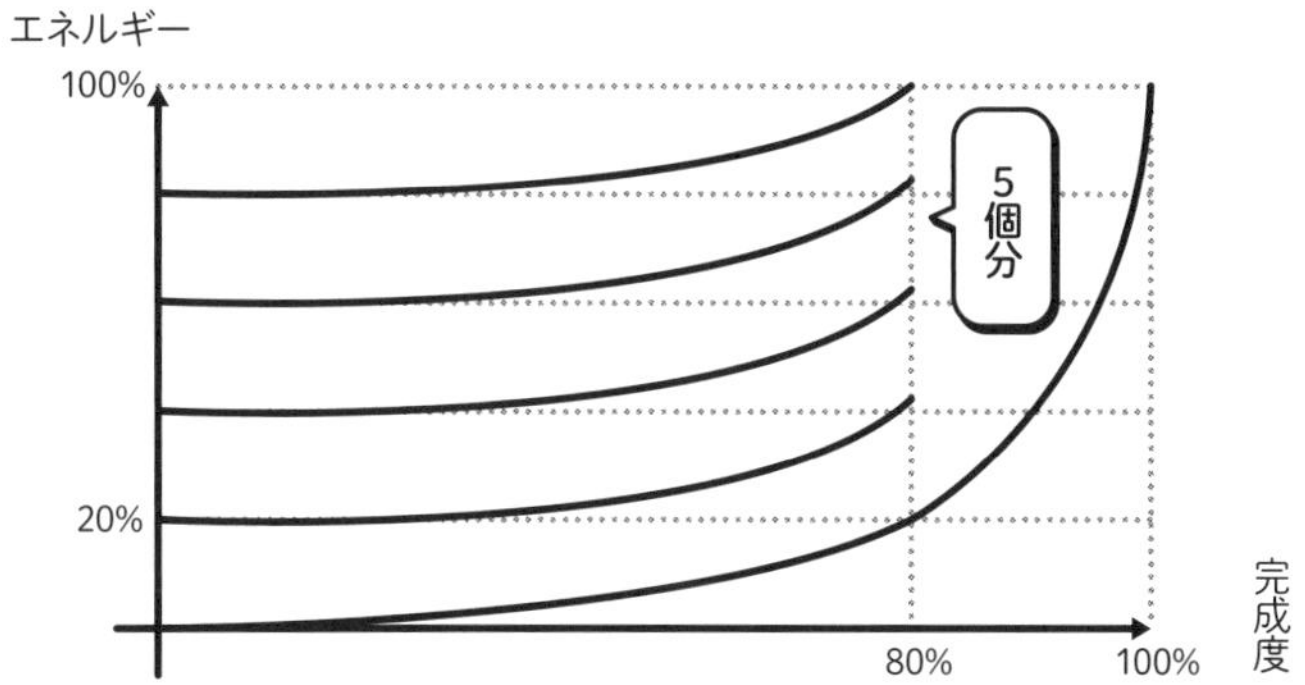

さんのフィギュアを並べるのが特徴」ですから、主催者にとっては適切なコストでたくさんつくれた方が嬉しいわけです。小さなフィギュアをこだわってつくるとき、「80%の完成度までもっていくエネルギー」と、100%の完成度までもっていくために必要な「残りの20%に要するエネルギー」は後者のほうがはるかに大きなエネルギーが必要になります。80%の完成度でよければ20%の労力で1体つくれますから、同じ労力で5体つくれる計算です。お客さんに伝わらない完成度100%のフィギュア1体よりも80%の完成度で5体納品してくれる人の方が主催者からすれば頼もしい存在になるのです。

この考え方は画像や音声のデータで例えても分かりやすいかもしれません。何か画像を共有するとき解像度を下げて送りますよね。おおよその雰囲気を確認するだけであれば視認できない解像度は不必要だからです。音楽をＭＰ３に変換するときも同じです。人間の耳が認識できない帯域など不要な音はカットされています。このようにビジネスにおいて、「人に伝わらないことは省き、空いたスペースを他のことに使う」というのはどんな場面でも当たり前に行われていることです。

それは人に伝わるのか

「神は細部に宿る」といいます。建築家のミース・ファン・デル・ローエが唱えた言葉で「ディテールにこそ作品の本質があるから細部までこだわってつくった方が良い」という趣旨です。クリエイターを中心に絶大な支持を集めた考え方です。私はクリエイターの端くれでもあるので、よく理解できますし好きな言葉です。でも、細部までこだわるためには「頑張ること」が必要そうですよね。80％の労力では細部までこだわっていない様です。「他のことには目もくれず、根詰めて頑張って100%までもっていくこと」で「神が宿る」と思えます。しかしこれは間違いです。細部へのこだわりが「伝わらなくてもよいと思っている自己満足」なのか、「人に伝えるための意図的なこだわりなのか」で大きな違いがあります。前者は、「ビジネスにおいて不必要な20%の頑張り」ですが、後者は「そもそもビジネス上必要な80%の部分」です。つくるものが「細部にこだわらないと当たらないコンテンツ」だったとしたら、細部にこだわることは当然必要です。

「細部にこだわること」と「頑張る」ことはまったく異なる概念です。ここはとても誤解されがちです。「頑張らないスキル」というのは、「なんとなく持てる力の80%でやめておく」ということではありません。クライアントやユーザーにとって必要なことは当然頑張ってやります。あくまで「人に伝わらないことは頑張らない」ということです。

その結果残せた力があると、他の「人に伝わること」で頑張ることができますし、いろいろな仕事をたくさんできるようになります。つまり生産力が上がります。たくさん生産できれば、経験やノウハウも溜まります。こうして成長した自分を、それまでに仕事をくれたクライアントや共に仕事した仲間に還元してください。その方がよっぽど喜ばれます。

伝わらないことをしていて仕事の量も幅も狭めて成長できないでいると、クライアントや仲間に対して恩返しもできません。自分が使う時間や労力は「人に伝わるのか伝わらないのか」で判断し、頑張る分量を決め、空いた力を使って生産量を増やすこと、それが「頑張らない力」というスキルです。

ポジショニング力

ビジネスのあらゆる場面において、「自分のポジションをどこに置くのか」は重要な要素です。ポジショニングによって成果や評価、報酬も変わってきます。そして何よりポジショニングによっては「ビジネスをかなり気楽に進めることができる」ようになります。この本では、「ビジネスで成功するための学び」というよりは、「どうすればストレスなくビジネスを楽しめるか」ということをお伝えしているつもりです。この点で、このポジショニング力は大切なスキルになります。

自分はどこにいるのか

ポジショニングをする上で、まず始めにしなければならないのは、自分の立ち位置（ポジション）の確認です。自分が「その状況、環境においてどういう存在なのか」「どう思われているのか」「何を期待されているのか」そして「何を期待されていないのか」。この自分の位置認識の精度が高ければ、ポジショニング力のスキルがあると言ってもよいでしょう。

自分の立ち位置を把握するということは「自分を客観視する」ということになります。自分を客観的に捉えるのは難しいですよね。しかも状況は刻々と変化しますから、このスキルの獲得難易度は高いように感じるかもしれません。でも大丈夫です。実はビジネスをしている人のほとんどが、自分のポジションを確認していません。ですから立ち位置の確認を心がけるだけで良いのです。

たとえば、「クライアントから仕事を頼まれた」というシチュエーションでも関係性やタイミングによって立ち位置はまちまちです。「相手にとって自社は絶対的に必要な存在なのか、競合する複数社のうちのひとつなのか」「初めての取引なのか、長年の付き合いがある関係なのか」「クライアントの担当者はベテランなのか、異動したてであまりよく分かってないのか」「自分は自社の中で決定権があるのか、ないのか」「自分の役割は淡々と説明する人なのか、場を和ませるムードメーカーなのか」、挙げればきりがありません。

社内のみの環境でも同じです。上司から仕事を頼まれたとします。同じ仕事だとしても状況はまちまちです。「急ぎなのかそうでないのか」「自分にしかできない仕事なのか他の人でもできるのか」「他の人ができる仕事を自分の成長のために敢えて渡してくれたのか、他の人が忙しいから自分が指名されたのか」。上司と自分の関係性もあります。「長い付き合いなのか、浅い関係なのか」。浅い関係でも「上司が着任したてなのか、自分が異動してきたのか」。「会社は好調な業績なのか、あまり良くないのか」。もっと細かく言えば「朝の始業直後なのか終業間際なのか」など、こちらも例示すればきりがありません。

この例えを読んで「もし自分が当事者だったら」とイメージすると、仕事に向かうスタンスがそれぞれ違うことは明らかですよね。仕事を受け取るときのリアクションから、その後のコミュニケーションまですべて変わってきます。これが「まず自分の立ち位置を確認する」ということになります。言われてみればイメージできるのに、何故か多くの人がおろそかにします。最初は立ち位置を確認していたとしても、その後忘れてしまう人がほとんどです。ですからたまに立ち位置を確認するだけでスキルになります。

ムダなポジショニングが避けられる

「立ち位置が確認できる」ということは「全体が見えている」ということになります。その状況や組織において「足りているポジション」「足りていないポジション」「余剰しているポジション」なども分かってきます。すると、そうした隙を見越して、足りてないところを埋めたり、余剰しているところを利用したりできますし、足りているところでムダに動いてしまうこともなくなります。

サッカーで考えると分かりやすいかもしれません。サッカーは90分間一か所に留まらず動き続けるスポーツです。1チーム11人いますが「広いフィールドのどこに選手がいるか」が勝敗を左右します。ある程度のフォーメーションは決まっていても、状況は一秒ごとに変化します。ボールだけを追うのではなく「味方がどういう風に動き、敵はどう動いているか」。鳥瞰図を頭に描いて、攻撃と守備のどちらにおいても最適なポジショニングが要求されます。これはビジネスにおけるポジショニングと同じです。

「足りていないスペースに飛び込んできてくれる選手」はとても頼もしいです。しかしもっと大切なのは「足りているスペースにいないようにすること」です。自分では活躍しているつもりでも、全体から見れば「ムダに動きまわっているだけの人」になってしまいます。この「やらなくていいことはやらない」というのは忘れられがちなスキルです。「ポジショニング的には求められていないのにやってしまう」のはよくある間違いです。

これは「与えられた仕事以外はしなくていい」という話ではありません。混同しやすいので注意が必要です。逆に意欲的な人であれば、「あえて足りているポジションを獲りに行く」という立ち位置のつくり方もあるでしょう。いずれにせよ、それはあくまで「自分の立ち位置と全体が見えているからこそできる戦術」と言えます。

誰かにとって必要とされる存在になる

ポジショニング力は、ストレス少なく楽しくビジネスするための力です。この視点で、改めて「ポジションを取るためにはどうするか」一般的な認識も含めて確認したいと思います。

まず、超プロフェッショナルになることです。分かりやすく言えば「替えの効かない人材になる」ということです。これは当たり前の話ですよね。組織内において人より秀でた部分があれば、替えの効かない人材になります。さきほどのサッカーで例えるなら、超一流プレーヤーです。超一流プレーヤーを生かすべく他の選手を配置するようになりますから、ポジショニング云々の問題からも解放されることができます。

「それが出来れば苦労しないよ」と言われてしまうかもしれませんが、現実のこととして再認識は必要です。ほとんどの人はこの「超一流プレーヤーを生かすためのプレーヤー」として働いています。ですから、諦めずにこの超一流プレーヤーを目指すことが理想ですし、そうでないにしても「この構造を分かってポジショニングすること」も重要です。

超一流プレーヤーほど絶対的なポジションにはなりませんが替えの効かない人材になることはできます。フィールドプレーヤーは10人いますがキーパーは一人です。実際にはキーパーのいないサッカーチームなんてないでしょうが、なり手の少ないポジションは替えの効かない人材になれる可能性が比較的高くなります。

さらにもう少し簡単にポジションを取れる方法をお話しします。専門的な能力ではなく、人格的な部分でポジションをとります。

ポジショニング力における基本的な視点は「誰かにとって必要とされる存在になる」ことです。相手が単純に「あなたが必要だ」と感じれば、ポジションは必然的に確保されます。

私が会社員で若手社員の頃の話です。ある「実績もある気難しい上司」がいました。部員は当然、積極的にはあまり近づきません。私も「あまり関わりたくないな」と思っていましたが、その人の裁量でいろいろなことが決まるので、いちいち顔色を伺いながら仕事をしているのが嫌になりました。そこで思い切って二人きりでの飲みに誘いました。最初は説教じみた話ばかりでしたが、徐々にプライベートな話になります。仕事の話では敵わなくても、プライベートの話になれば、似たような境遇の経験もありますから対等に話ができます。そうなると私としても、楽しく過ごせるようになってきます。それからは、定期的に二人で飲みにいくようになりました。プライベートの話では徐々に意見を求められるようになってきます。仕事では相変わらず気難しい雰囲気でしたが、プライベートでは私は先輩に頼られるようになっていました。その後、私は仕事の場面でも臆することなくコミュニケーションがとれるようになりました。

上司が裁量をもっているから媚びを売ってかわいがられようとしたのではありません。むしろ逆かもしれません。プライベートの話ではかなりズケズケと失礼なことを言っていました。飲みの場で媚びを売っていただけでは、私の中での畏怖心は解けなかったでしょう。私は仕事ではイチ部下ではありましたが、それ以外では必要な情報やアドバイスをくれる人になっていたのです。上司にとって「足りていないスペース」にポジショニングして必要な人になれたことで、私はストレスから解放されたのです。

これはクライアントとの関係でも同様です。たとえば、クライアントは大手菓子メーカー「オカシタベスーギ」で、自分は下請けでチョコレートを納品する「シタウケカカオ」の社員だったとします。オカシタベスーギ社が新商品「ウマスギモンダイ」を計画しました。他のチョコレート工場と競合になりましたがギリギリ安くして受注したとします。しかも、その取引は自社の売上50%を占めるような大口案件です。言わば〝一方通行〟の関係ですからオカシタベスーギ社との取引は毎回緊張の連続でしょう。

そんな中で「ウマスギモンダイ」に合うようなチョコレートを頑張って開発しました。その結果「ウマスギモンダイ」はチョコレートが美味しいと評判になりました。口どけはソフトなのに暑くても溶けません。「こんなチョコ菓子はない」と大ヒット、製造が追いつかなくなってニュースになるほどです。こうなると、シタウケカカオ社のチョコレートが美味しくて売れていますから、オカシタベスーギ社にとってシタウケカカオ社が必要不可欠になります。立ち位置は大きく変わりますよね。

もし美味しすぎるチョコレートをつくるような技術がなくても、一方通行の関係は変えられます。たとえばオカシタベスーギ社の菓子がどうしても流通できていない地域があるとします。そこは地域密着型スーパー「ジモトダイスキ屋」が市場を独占していて、オカシタベスーギの菓子を取り扱っていません。そこで調べてみると、ジモトダイスキ屋が開業当初に売上が伸びず困っていた頃、シタウケカカオ社は大量のチョコをキャンペーン用に無償提供したことがありました。ジモトダイスキ屋からすればシタウケカカオ社は恩人です。そこで、オカシタベスーギの菓子を取り扱うようにお願いしてみるとジモトダイスキ屋は快く販売してくれることになりました。こうなるとオカシタベスーギ社にとって、シタウケカカオ社はただの「下請け」ではなく営業に協力してくれた「パートナー」になります。立場は大きく変化します。立場が変化すると、また一緒に多くのビジネスができるでしょうし、なによりストレスは軽減します。

上司と部下、クライアントや下請けなど、ビジネスではよくある二者間の関係では、多くの人が〝一方通行〟が当たり前と思っています。しかし、それは双方向に変えることも可能です。媚びへつらったり、弱みを握るような方法もあるかもしれませんが、それは根本的なポジションを変えるものではありませんし、何より非生産的で気持ちのいいものではありません。あくまで「その人にとって必要な存在になっているか」という視点が大切です。

ポジションをとれば報酬が上がる

もう少しだけお話すると、フリーランスの立場で業務委託で働くようなケースでも同じです。今後、フリーの立場の人は増えるでしょうし、この本を読んでいる方の中にも多いと思います。

私は起業後、ある会社のK社長とブレストや壁打ちのようなことをしながら、徐々に仕事を手伝うようになっていました。なんとなくスタートした仕事だったので報酬の話は当初からありませんでした。K社長からは「いつもいろいろしてもらってるから何かお支払いしないといけないと思ってるんですよ」とふわっとしたことも言われていましたが、結局しばらく無報酬のまま手伝っていました。「近いうちには報酬があるだろう」と期待していた私も甘かったですが、こういう状況は、立場の弱いフリーランスだとあるあるですよね。

あっという間に半年が過ぎていました。起業直後の半年ですから、無報酬はかなりつらいです。ただ、そのときの私は何故かそれを受け入れていました。その仕事が比較的やりがいがあったのと、他の社員と仲良くなっていて居心地がよかったこともありますが、起業直後で自分に自信がなかったり、どこか意地になっていたところもあるかもしれません。そうこうしているうちに、社員の人たちが私を頼るようになってきます。便利な存在ですからそうもなりますよね。社長ともコミュニケーションもとってくれるし、上司でも部下でもなく利害関係もなさそうで、なんでもやるわけですから。

するとK社長から突然「今月から毎月50万円の請求書をください」と言われます。そのとき私は「こういうことか」と理解しました。そう、ポジションが変わり始めていたのです。私はそれからは、ますます他の社員との仕事に深く関わるようにします。あっという間に、かなりの案件が私をハブに動くようになってなってきます。すると、そのわずか三か月後にまたK社長から「今月から毎月100万円の請求書をください」と言われました。

私から報酬の増額をお願いしたわけではありません。私は「いてもいなくてもいい無報酬の存在」から「100万円の価値がある存在」「100万円払うと言わないといなくなるかもしれない、いなくなると困る存在」になっていたのです。

雇われている人の立場が弱いとは限りません。相手にとって「いなくなると困る」というポジショニングができれば、報酬は勝手に上がります。たとえ、どんなに働いていなくても、ミスをしていたとしても関係ありません。

雇用関係にはいろいろな考え方や方法がありますが、相手にとって必要な存在になれば報酬は増えます。自分の価値を高める方法はいろいろありますが、「仕事ができるできない」「報酬が多い少ない」というのは絶対的な能力で決まるものではありません。相対的なものですし、場所とタイミングで大きく異なります。自分の立ち位置を常に把握して、相手に必要な存在になるように行動する。それが「ポジショニング力」というスキルです。

無所属力

「信用力」のところでお話した通り、「肩書きが信用と無関係」になってくると、所属するということの価値も変わってきます。一方で、人は「所属すること」が好きです。というよりも「所属してないと不安」という方が正しいかもしれません。何かに「所属してること」自体はもちろん悪いことではありませんが、「今の所属先は能動的に選んだのか、自分の生き方に適した所属先なのか」考えてみるのもよいと思います。

所属の概念が変わりつつある

信用の捉え方が変わるにつれ、所属の概念も変わりつつあります。そもそも所属というものは、きわめて文化的な概念です。所属とは本質的にはコミュニティを対象とするもので、歴史的には最小単位を家族として、その集まりが村です。村は自然と属していくものであり、生きていく上での必然でした。また、他のコミュニティとの関わりはほとんどありませんでした。

時代が変わり、人が増え、コミュニティ同士の関わりが多くなるにつれて「所属名が人を表わす」ようになりました。労働集約型の社会では、従業員に個性がない方が安定的な生産ができますし、リスクが少なくなります。終身雇用を前提とした組織の中では、企業と従業員が似たキャラクターであることが都合よくなります。言わば会社のカラーに染まることが自然で合理的でした。結果的に「所属先が個人のアイデンティティそのもの」になっていたのです。

また、精神的な部分でも所属先をアイデンティティ化する理由があります。多くの人は初めて会う人に対して、無意識的に自分の知ってる「所属」に当てはめようとします。これは「未知の存在は、既知の存在にカテゴライズすると安心できる」という本能のようなものがあるからです。

たとえば自己紹介するとき、「ユウキです」と名乗った後「オヨヨプランニングで働いています」とか「タノシイ大学の３年生です」となることがほとんどですし、

［参照］　東北大学大学大学院生命科学研究科　筒井健一郎准教授らの研究

相手を知ろうとするときも同様に「どちらにお勤めですか」とか「大学はどこですか」となります。たとえば「東大卒で大手銀行に勤めるA型の40代既婚男性」と「IT企業でテレワークで働くB型の30代独身男性」と言われたらどうでしょうか。これだけの情報でも、どういうキャラクターの人物かそれなりにイメージできますよね。自分が知っている情報を集めて、「この人はこういうタイプだ」と決めつけることで安心できるのです。東北大学の研究でも、脳は膨大な情報をカテゴリー化し、情報を整理した上で思考や判断に使っていることが分かっています。

しかし近年では「自分を記号化するための所属」に意味がなくなってきて、その価値は下がっています。「所属」の概念的価値が下がった理由は、結局のところ「個人の力が大きくなったこと」が理由です。個人の力が大きくなったのは、言わずもがなテクノロジーのおかげです。テクノロジーはいろいろな物事を単純化し本質的にしていますから、「所属から人が解放される」のは必然とも言えます。

このような変化の中で、「自分の価値観とのズレ」を感じつつも「所属することは社会的メリットが大きい」と考え、妄信的に「所属すること」にしがみついたり、追いかけている人はとても多いです。これは、所属意識と帰属意識を混同していることもひとつの原因です。たとえば「日本人」や「広島県人」は所属とも言えますが、内在的な「郷土愛」があって、誇りをもって「日本人です」「広島県人です」と言えるのは帰属意識が高いからです。また、帰属意識には「個を主体として帰属先に貢献したい」という想いが根底にあることがあり、それはアイデンティティとも言えますから少しややこしいのです。

いずれにせよ、「所属先」は自分にとって必要なコミュニティであるべきで、「所属していること」自体が、過度な制約とかストレスになってるのはよくありません。ここで必要となってくるのが「無所属力」というスキルです。会社員の方は無関係のように感じるかもしれませんが、むしろ「組織にいるからこそ持っておくべきスキル」です。最近では「人的資本経営」という経営スタイルが急速に広がっています。人材をコストや資源として考えるのではなく、投資対象と位置付ける経営の在り方です。企業側も相互依存するような個人と組織の関係を見直すようになってきています。

自分のアイデンティティと所属を区別する

ひとつ私のエピソードをお話させてください。「信用力」のところでお話したしたように「自分には会社員のタグしかない」ことに気付いた私は、会社員でいながら会社員のタグを外してみることにしました。

社外で新たに知り合う人には会社員であることを伏せ、タカハシと名乗り、名刺やメールアドレスもつくりました。なぜタカハシにしたかと言えば、電話で私がタカセと名乗る時「タカハシさんですか？」と聞き返されることが多かったからです。単純に私が早口で活舌が悪いからなのですが、もしタカハシで振舞っているときに誰かが「タカセ」と声をかけてきても「この人はタカハシなのに活舌悪いな」と思ってくれるかもと思ったからです。どうでもいいですね（笑）。ともかく私は、フジテレビに勤めるタカセではなく、無名のフリーランス企画屋「タカハシ」として別の顔で生活してみることにしました。

「なんでもやります」と一見怪しい営業をしていると、意外とすぐ仕事が入ります。ある大手ゲーム会社X社から仕事の手伝いを依頼されました。当時はスマートフォンゲームが広まり始めた頃です。X社もスマホゲームに本格的に進出しようとして新ゲーム開発を計画していました。私の知人が経営してる会社がプロジェクトの一部をサポートしていたので、私は知人の会社から派遣されるような形です。無給を前提に「雑用でもなんでもいいので企画会議に混ぜてもらえないか」と頼みました。

私はそのプロジェクトでゲーム作家のような立場で会議に参加することになりました。と言っても謎のフリーランス作家ですから、偉そうにアイデアを披露するようなことを期待されていたのではなく、リサーチやネタ出しをするような本当に末端の存在です。その会議には有名なゲームクリエイターやX社のプロデューサーなどがいて、私はその場ではかなり浮いていたと思います。しばらくは会議で発言してもほぼ無反応でしたし、有名クリエイターの人には露骨に無視されていました。会議が終わって帰るときに「お疲れ様でした」と言ってもリアクションはなく、私は一人でエレベーターに乗って帰る日々が続きました。

このプロジェクトでは、会議のたびにX社のプロデューサーから宿題が出されました。「この問題について悩んでいるので、良いアイデアがあれば次の会議までに提出してください」といった形です。ですが、他の会議参加者たちはなぜかアイデアを持ってこないのです。私は毎回アイデアや情報をたくさん考え、提出していました。すると「この人は意外と使えるかも」と思ってもらえたのかどうか分かりませんが、少しずつ雰囲気が変わっていきました。X社のプロデューサーからも意見を求められるようになりました。徐々に私の存在が大きくなり、会議終了時にはX社のプロデューサーがわざわざエレベーターまで来て私を見送ってくれるようになりました。それを見た有名クリエイターの人が、初めて私に声をかけてくれました。「あのぅ、タカハシさんっていままでどんなゲームつくってきたんですか」と。返事は適当に濁しましたが、このときは本当に嬉しかったです。

嬉しかったのは、無視していた人を見返せたとか、自信がついたとかいうことよりも、「会社員のタグを外せた瞬間」だったからです。これ以来私は、周囲にいてくれる人が「フジテレビのタグ」に紐づくのか、「私個人」に紐づくのかをとても敏感に捉えるようになりました。もちろん「フジテレビのタグ」で一緒に仕事をしてくれる人とも有難く充実した仕事をしていましたが、「自分のアイデンティティ」と「所属すること」は明確に区別できるようになりました。

所属先がアイデンティティになると、「失うことができない」という意識が働き自由度も下がりますし、自立心が削がれ結果として責任感も薄まります。何より自己肯定感が少なくなります。「自分のアイデンティティは所属している組織だけにあるものではない」という意識を持つことが、自立した個人として組織に対する責任感を高めます。結果として、組織や所属先が求める「投資したい人材」になっていきます。これが「無所属力」というスキルです。

所属力

「無所属力」についてお話してきましたが、ここで今度は「所属力」のお話をします。無所属的な意識がビジネスには必要であると同時に、所属力も必要なスキルです。人は実は「完全な無所属で生きていく」のは難しいものです。「所属先をアイデンティティにする」のは時代にそぐわないと言いましたが、人は社会の中で生かされていますから、社会と完全に隔絶することはできません。ここでお話したいのは、「所属することをもっと気楽にカジュアルに捉えて欲しい」ということです。

人にはコミュニティが必要

人は生まれながらどこかに属しています。一般的には生まれた「家族」や「土地」があります。親族やご近所さんなどと関わる「地域」があります。通う「学校」があり「部活」もあるでしょう。部活に入らなくても、一緒に遊んだり学んだりする「友人グループ」もあるかもしれません。大学に行ったのならば「サークル」や「バイト先」などと強く関わる人もいます。就職すれば「会社」や「部署」があります。これらは広義にはすべてコミュニティと言えます。ただ、その中にいたとしても「精神的に属しているかどうかは自分で決めるもの」です。

特に、親族、地域、学校、職場などのコミュニティは、結び付きも強くなりやすいですし、「自分のアイデンティティだと認識しやすい」性質のものです。社会通念的にも、これらのコミュニティには「所属していて当たり前」ですし、もっと言えばコミュニティのメンバーと仲良くするのが普通で、「交流していることが社交的である証」のように思われがちです。逆に言えば、親族、地域、学校、職場のコミュニティとうまく付き合えない人は、「少し変わった人」と思われる傾向があります。しかし、それは間違っています。

「この世で変わらないのは、変わるということだけだ」という風刺作家ジョナサン・スウィフトの名言にもある通り、人は変わるものですし、世の中も変わります。コミュニティとの関わりも当然変化します。以前は居心地のよかったコミュニティも、ある日を境に居心地が悪く感じることもあるはずです。自分が属するコミュニティは自分で選ぶべきですし、その時々で変えて良いのです。

私はオンラインサロンを運営しています。「コンテンツファクトリー2030サロン」という名前です。このサロンをやってみて分かったことは、「人にはコミュニティが必要だ」ということと「コミュニティは自由に出入りするものだ」ということです。

私のサロンには本当に多様な人がいます。年齢も10代~50代。脚本家、茶人、登録者45万人ユーチューバー、弁護士、大学生、主婦、イラストレーター、医師、木工職人、エンジニア、音楽プロデューサー、レストラン店主、ナレーター、放送作家、2次元コンテンツ会社のマーケ責任者、老舗大道具会社のいずれ5代目、老舗たくあんメーカーのいずれ4代目、AI Vtuberの人、お祭り企画者、広告会社経営者、芸能プロダクション社長、出版社社長、イベント会社社長、パーソナルジム社長、グッズメーカー社長などなど。経歴も生き方もバラバラの人たちでコミュニティが形成されています。抜けていく人もいますし、新しく入ってくる人もいます。一度抜けてまた戻ってくる人もいます。メンバーがサロンに居る理由は様々ですが

「少なくとも今は居心地が良い」から属しています。

「コンテンツファクトリー２０３０サロン」はコンテンツを世に出した人を応援したり、足りない部分を補い合う目的で立ち上げたサロンです。コンテンツの発信はもちろんのこと、メンバー間でのビジネスマッチングがあったり、新事業や新会社も立ち上がっています。

しかし、最近ではそうした目的以前に「個人の居場所のひとつ」として機能しています。メンバー曰く、「知らない人たちの集いだけど『高瀬の本を読んで共感した人たち』という前提が、交流のハードルを下げている」ことが理由だそうです。私が書いたのは「コンテンツ」や「企画」についてでしたが、総じて伝えていたのは「人の気持ち」や「人生」についてでした。そういう部分でもメンバー同士に「人生の価値観が大きく違うことはないだろう」という安心感があるそうです。

コミュニティを離れる恐怖から解放される

私は、オンラインサロンは入ったり抜けたりしながら「居心地のいい場所を選んで、3つほど入っていること」をお薦めしています。ひとつのコミュニティだと「失うと孤独になるかも」という気持ちがどこかで働いて判断が鈍るからです。3つほどそれなりに居心地のよいコミュニティがあれば何の不安もなく抜け去ることができます。学校や会社は「ひとつしか所属できないし、居続けるもの」と思われがちです。でも学校も会社もアイデンティティなどではなく、「この世に無限にあるコミュニティのひとつ」だと考えてください。

社会学の用語で「サードプレイス」という概念があります。自宅や職場とは別の、イチ個人としてくつろぐことができる第三の居場所のことです。3つでも4つでも良いですが、複数の居場所を持つことは現代社会を生きる上で必要です。最近では、副業できる会社も増えてきました。本来は「複業」が望ましいですが、それができなくても自分の中では「副業ではなく複業として、どれかが無くなっても大丈夫だ」と捉えておくことをお薦めします。

もちろん一つのことに没頭できるのは、素晴らしいことですし幸せなことです。しかし、「世の中も自分も変化するのだ」ということを頭の片隅において、その仕事やコミュニティから離れる恐怖を感じないように心がけることはとても大切です。

いままでは「所属」の時代でしたが、これからは「諸属」の時代と言えます。自分でコミュニティを選び、かつそのコミュニティからいつでも離れられる状態にしておく。そうすることで、自分の「精神的なコンディションの安定」に保険をかけておく。結果として、どこに所属していても冷静かつ合理的な判断ができるようになります。これが「所属力」というスキルです。

コミュニティ力

「所属すること」の考え方についてお話ししてきましたが、「コミュニティ」について、もう少しだけ深掘りしたいと思います。コミュニティとは、英語で「共同体」や「地域社会」を意味する言葉ですが、IT用語としてはインターネットなどを通じて「特定の目的や話題について交流するユーザーの集合」などを指していることが多いです[※参照]。コミュニティへの理解と意識は、これからビジネスをしていく上で急速に重要度が増しています。

コミュニティの中で生きていく

今、社会は急速にコミュニティ化しています。小さなコミュニティがたくさんあり、多くの人が「コミュニティ」の存在を意識しています。

近年までは「知らない人」との関わりは、マスメディアを通さないと起こりませ

［※参照］ IT用語辞典バイナリ

んでした。しかしインターネットの発達に伴い、メディアを介さずに「知らない人」と繋がれるようになりました。以前だったら知り合えなかった「ニッチな趣向の人同士が繋がれるようになった」のです。そうなると「自分の好きな物事だけで人とコミュニケーションすること」が可能になります。「自分の好きな情報や人とだけ接している」ほうが気持ちよく過ごせますから、その他大勢の人とは関わらなくなります。その結果〝界隈〟と言われるようなニッチな集合がたくさんできていいます。これが「現代に小さなコミュニティがたくさんできている」理由です。

仮に「一万人に一人しかいないような超ニッチな趣向の人」だったとしても、日本全体では一万人もいますから、ビジネス的にも立派な市場として成立します。ビジネス的にも成立するコミュニティなら長く存在することができますから、小さなコミュニティはさらに増えていきます。

多くの人が「小さなコミュニティの中でだけでも生きていける」ことに気付いています。

一般的には、ビジネスをするときに規模や影響力はとても重要です。規模や影響力があれば、なんでもできます。大きな予算を使って派手に宣伝できますし、影響力があればお金をかけた宣伝をしなくてもたくさんの人に知ってもらうことができます。インフルエンサーと言われている人たちがこれに該当します。ビジネスをする上ではたくさんお金のある企業やたくさんフォロワーがいる人が有利です。これは今後も当面変わらない構造です。ただ、さきほどお話ししたように、ニッチなコミュニティの中でビジネスが成立するようになると、規模や影響力と無関係でいられます。近年ではこの「コミュニティのみでビジネスをすること」が当たり前で、その数も増えています。

また、ニッチなコミュニティの中にいる人は、「コミュニティの内側にある情報」を重視します。世の中で流行っているものや、一般的に良いとされているものには見向きもせず、「コミュニティ内の情報こそ正しいし自分に有益な信用できるものだ」と感じるようになります。排他的であるからこそ守られているような安心感を覚えるのはニッチなコミュニティでよく見られる傾向です。「マス広告を信用できない」という感覚はこの構造の延長で起こっています。言わずもがな信用や安心はコミュニケーションの最低条件です。マス的な情報の伝え方は徐々に必要とされなくなり、これからのビジネスはコミュニティを軸に動いていきます。

オンラインサロンのようなコミュニティのつくり方もこれからが本番です。DAO［※06］のように新しいテクノロジーやサービスも、コミュニティを前提に構築されています。企業活動をする上で、コミュニティは資本や人材と並ぶ経営資源になっていきます。コミュニティを理解することはもちろん、運営すること、つくることも、これからのビジネスパーソンにとって必要不可欠なスキルです。

現代において、意図的に構築されたコミュニティほど「コミュニティであり続けることに意欲的」なので本質的な構造が理解しやすいと思います。まずは物見遊山のような感覚でもいいので、DAO［※06］やオンラインサロンといった新しいコミュニティを体感してみることをお薦めします。

DAO［※06］ 分散型自律組織。ブロックチェーン上で世界中の人々が協力して管理・運営される組織を指すことが多い。

なりたい自分になる力

何か願い事があるとき、一般的には必要な知識を増やしたりそこまでの道筋を探したりして、少しずつ近づけるように努力をすると思います。それも悪くはないですが、願いを叶えるためには「環境を意識すること」が一番の近道です。

たとえば「結婚したい」とします。それには結婚相手が必要です。その相手は誰でもいいというわけにはいきませんよね。相手に求める条件があるでしょうし、「最低限こういう人は嫌だな」とかもあるでしょう。つまりこの場合は、結婚するのが目的ではなく「理想的な人と結婚すること」が目的です。であれば、まず「そういう相手が多くいる環境に身を置くこと」がチャンスを増やすことになるわけです。銀行に勤める人と結婚したいなら、自分が銀行で働くことが近道です。しかも、人は「そばにいる人のことを好きになる」ようにできています。これはザイアンス効果と言われる「接触回数が多ければ好意を持ちやすくなる」現象で、マーケティングの考え方の基本にもなっています。また、銀行に勤める人を間近で感じることによって「実は私が理想とする結婚相手は銀行に勤める人じゃなかった」と気付くこともできます。

なりたい自分の環境に身を置く

このように、目的への最短距離をとる上で「環境を選ぶこと」は合理的で自分を鼓舞するためにも大切なことです。ここで改めて「なりたい自分と環境」の関係を考えてみます。

今の自分と、理想とする自分の姿にギャップを感じることはありませんか。むしろ、そのギャップがあるのは一般的で、そのギャップにストレスを感じることも多いかもしれません。もちろん「今の自分サイコー！」という人もいると思いますし、それはとても素敵なことです。しかし、ほとんどの人は「理想の自分を追っている時間」が長いと思います。また、その理想の姿はその時々で変わっていたりもするでしょう。

いずれにせよ、なりたい自分になるには、「理想とする人」や「なりたい自分のような人」がいる環境に身を置くことが重要です。実は多くの人は「なりたい自分」がせっかく見えているのに、何故か「なりたい自分のような人」のいる環境から身を遠ざけがちなのです。その理由は二つあります。一つは「なりたい自分になっている人」への畏怖や嫉妬。もう一つは、なりたい自分へ近づいたときに「そうはなれない」と感じることへの恐怖です。

これは、人の行動を抑制するありがちな感覚で、端的に言えば「結果を知ることから逃れる」というある種の防衛本能みたいなものです。ただ、そういう風に過ごしていると、なりたい自分になることは限りなく不可能です。

ここでお話したいのは、「なりたい自分への劣等感を抱えて生きていくのはしんどいですよね」ということです。なりたい自分がいる環境に身を置くということは、「なりたい自分の正しい情報が手に入る」ということです。外から見るのと中に入るのとでは情報量に圧倒的な差があります。情報は正しい判断をするために必要不可欠です。正しい判断ができないと損失が出たり不幸になったりします。なりたい自分があるのなら、そして現実の自分との間にギャップがあってストレスがあるのなら、まずはその環境に身を置いてみてください。すると正しい情報が入ってきます。なりたい自分になるには近道ですし、なりたい自分じゃなかったとしても早く気付くことができます。

何か願いがあるのならしっかり願うべきです。願わないと叶うものも叶いません。中途半端に願うのはしばらくは心地よいですが、時間がたつにつれて「叶わなかった願い」として念が残ります。状況によっては、叶わなかったことを他人のせいにしてしまうこともあります。願いがあるのなら叶えようと動いてみてください。しかし、「行動しろ」「努力しろ」と言われても間違ったベクトルになってしまうときもあります。ですから、まずは「なるべく近い環境に身を置くこと」が良いのです。そうすることで「願ったことの結果」がでます。結果があれば、それがどんな結果でも次に進むことができます。結果は経験となって資産になります。

願いを叶えるために環境を強く意識すること、そして実際にその場所に身を置くこと、結果として「次の自分」を知ること、これが「なりたい自分になる力」というスキルです。

未来予測しない力

未来はどうなるか分かりません。そんなの分かり切ったことですよね。でも、ビジネスでは未来を予測して動きます。できるだけ予測しようとします。社会の未来だけでなく、自分自身の未来もいろいろ考えます。キャリアデザインを考えていないとダメな人のように言われたりします。

私もずっと自分の未来のことをアレコレ考えてました。会社員をやめて独立起業する前後はめちゃめちゃ考えました。そして今はもう、未来のことを考えるのは止めました。止めたと言うより諦めたというほうが正しいかもしれません。

ここでまた少しだけ、私が会社を辞めたときの話をします。この本を読んでいる会社員の方の中にも「いつかは起業したいな」と考えてる方も多いでしょう。起業後6年がたちましたが「なんで会社を辞めたのか」と、いまだに多く質問されます。会社員として働く中で「このままでいいのかな」と思う人がとても多いのだと思います。私もそんな一人でした。

最初のきっかけは人事異動です。心血注いでいた仕事から外れショックを受けます。会社員ですから異動なんて当たり前の話です。いま思えばたいしたことのない普通のことですが、転職経験もなく、同じ部署で11年過ごしていた当時の私にとっては大きな出来事でした。会社員であれば同じような経験をしている方も多いと思います。「自分の人生を自分で決められない」。そんな風に自分が会社員であることを再認識します。当時の私は「無所属力」を持っていませんでした。私は精神的に会社や部署に依存していたということです。

その後、視野を広げようと経営者や起業家と多く交流する中で、仕事をする人は「雇用者と被雇用者という二種類に大別される」と気付きます。40歳になるまで会社員をしていましたから「残りの人生を被雇用者以外で過ごしてみたい」と思うようになりました。

一方で、会社では私は部長になる年齢も近づいていました。部長と言ってもその上には上司がたくさんいるので、いわゆる中間管理職です。少なくとも5年間は続くことになります。管理職という仕事が嫌だったというわけではないのですが、

「経験値が高く体力的にもまだ衰えない40歳代でもう少し生産的な仕事をしたい」と感じていました。

ここで「かっこ悪いエピソード」も付け加えます。私は20〜30歳代のころ、仲良くしてくれていた後輩と飲みにいくたびに言っていました。「ずっとこの会社にいることはないから。近い将来起業するから」酔っ払いながら気持ちよく語っていました。すると、あるとき後輩に言われます。「で、いつ辞めるんですか」と。「このままでは〝やめるやめる詐欺〟だ。なんてダサいんだ。これは本当に起業しなくちゃいけない」と思ったことも一つのきっかけです。酔った勢いで偉そうに語っていたことが自分を追い込んでいました。本当にかっこ悪いですよね。

そんな風にいろいろ考えながら決めた退職でしたが、19年勤めた会社ですから、退職が現実になるにつれて未来のことをさらに考えるようになります。「この歳で独立してやっていけるのかな」「どんな仕事があるんだろう」「今お付き合いのある人はこれからも相手してくれるだろうか」。仕事についてはもちろんのこと、私生活についてもアレコレ考えます。当時私は独身でしたから「この歳で不安定な人と結婚してくれる人なんて現れるんだろうか」「一生独身かもな」「親も心配するかな」「老後はひとりぼっちだな」なんてことまで考えていました。考えていることに何の意味もありませんし、考えたところで解決もしません。アレコレ考えれば考えるほど不安になって「あれ？そもそもなんで会社辞めるんだっけ？」と、いろいろなことがわからなくなってきます。

そんな中で、やはりお金のことはよく考えました。「年収いくらくらいになるのかな」「〇〇社の社長さんは辞めるときは仕事手伝ってと言ってくれてたな」「一回50万円くらいの発注だって言っていたな。年に4回だから合計200万円にはなりそうだな」「こっちの会社は月10万円で顧問をやってほしいと言ってくれていたな。年間120万円だな」そんな風に毎日のように計算します。「会社員時代の給料と同じくらいだといいな」とは思っていました。甘く見積もると同じくらいにはなりそうでしたが、厳しめに見積もると3分の1くらいでした。

未来は「未来の自分」が起点になる

このような感じで「見えるはずもない未来」のことを考えながら、独立後の生活が始まります。しばらくして、起業家の先輩と話をする機会がありました。「どう？やっていけてる？」「どんな仕事していくの？」私はちまちま計算していた収入見込みを交えつつ話しました。「コレコレこうだからしばらくはやっていけそうです」。すると先輩はいいました。「ふぅん。あのね、そんな仕事は半年でほとんどなくなるよ」。私はその助言に不安を感じつつ「先輩なりの激励だろう」と捉えることにしました。

そしてその半年後、見事にほとんどの仕事がなくなっていました。仕事を頼まれるときは「いやぁ、末永くよろしくお願いしますよ」などと言ってくれていても、半年後には「とりあえず今回はここまでということで」となったり、「いやぁ、あの件なんだけど、会社の方針が変わっちゃって」となるなど、どこかドラマやマンガで見たことのあるようなシーンのオンパレードです。半年前、毎日のように計算して「起業しても大丈夫だろう」と考えていた未来予測は、まったく役にたちませんでした。

また、その頃、私が尊敬している芸人さんと退職の報告を兼ねて食事をしました。「高瀬さんのことだからお金は大丈夫なんでしょ」と言われて、私はつい「はい、お金のことは大丈夫です」とウソをついてしまいました。このときは自分が情けなくてたまりませんでした。


しかし、その数か月後から収入は増えていきます。半年前にはまったく予想できなかった別の仕事をもらえたからです。

起業してからは、とにかくたくさんの人と会っていました。昼も夜も年間500回くらい会食をしていました。収入のほとんどはこの会食で使い果たしていました。このあたりの話は『街録ｃｈ』でもお話していますのでよろしかったらご覧ください。このときに知り合った方たちがきっかけで新しい仕事をもらったり、小さくてもいろいろな仕事が生まれていました。会社員時代には予測することはできません。会ったことのない人たちでしたから。

そのあと順風満帆かと言えばそうではありません。相変わらず私は半年先や一年先の売上を計算していましたが、まさかの展開で仕事がなくなるのも相変わらずでした。一方で、また新たな出会いや繋がりから新しい仕事が生まれます。毎週のように売上予測が大きく増減します。

そうこうしていると、そのうち仕事が無くなることにも慣れてきますし、未来を予測することが無意味に思えてきました。それからは先々のことはともかく「目の前の仕事をやる」「もらえた仕事を誠実にやる」「つくった仕事を全力でやる」ことにフォーカスします。すると、徐々に売上が増えてきます。初めて仕事をした人が、また誰かを紹介してくれます。またその人と仕事が生まれ、その仕事を頑張ります。

そんなことを繰り返してるうちに、私は「いろいろな人」と「いろいろなこと」をして「いろいろできる」ようになっていました。会社員時代にはもらえるはずのない仕事の依頼が、たくさん来るようになっていました。私は変化していたのです。

会社員時代には想像できない未来がありました。未来が予測できないのは、社会が変わったり天変地異があるからだけではありません。未来予測ができないのは「自分が変わる」からです。

現在を起点とする未来予測に意味はない

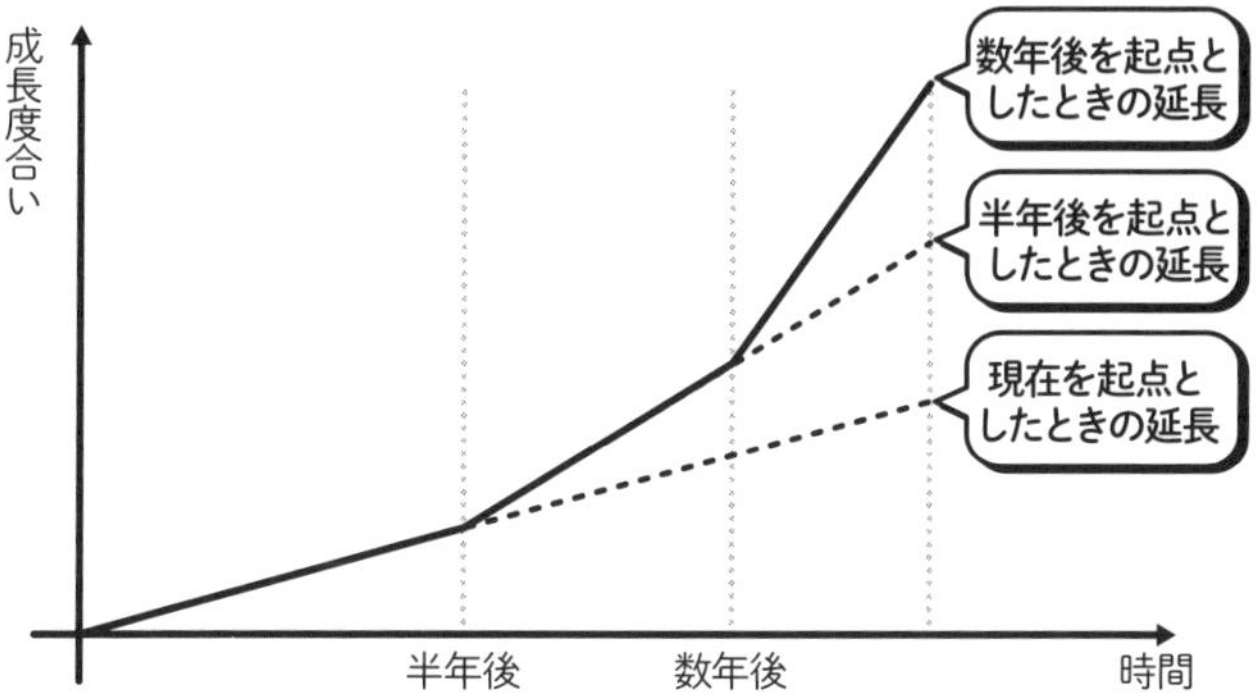

会社員時代に予測しようとしていた未来は、あくまで会社員時代の能力や経験やキャラクターを起点としたものです。半年後に未来を予測するときは、「経験値が増え、ビジネスパートナーが増えたり変わったりしている自分を起点とする」ことになります。その半年後、また半年後となる数年後なんて予測できるはずがありません。

未来はいいことばかりではないでしょう。ただ、未来は常に「今」を起点としています。今の先が「今」で、その先は「その今の先」にしかありません。「今にフォーカスして今を大切にすること」が理にかなっている働き方ですし生き方です。未来予測を諦めて今に集中することで未来を憂う気持ちから解放されること、それが「未来予測しない力」というスキルです。

未来を知る力

ここで少しスキルっぽくない話をします。今までもスキル本っぽくない話ばかりだったと思いますが、さらに少し変な話をします。

「逆因果」でポジティブ思考に

最近、私がよく感じてるのが「時間は未来から過去にも流れているんだな」ということです。ご存じの方も多いかもしれませんが「逆因果」という「時間を逆回しにした因果関係」のことです。普通は「今起こっていることは過去に原因がある」と考えますよね。その逆で、「今起こっている出来事は未来の現象の影響を受けている」という考え方です。原因は過去にあるのではなく未来にあるということです。これは「量子もつれの説明になる」としてちょっと話題になった量子力学的な考え方です。

たとえば、好みのパートナーのタイプが「スポーティーで冗談ばかり言う面白い人」だったとします。後に理想通り、「スポーティーで冗談ばかり言う面白い人」と結婚して幸せになったとします。これを逆因果で考えると「未来に、スポーティーで冗談ばかり言う面白い人と結婚することになっていたので、理想のタイプがスポーティーで面白い人になっていた」ということになります。もうちょっとロマンチックな言い方をするなら、「理想的な伴侶に出会うためのヒントとなる〝未来のパートナーの特徴〟が、過去の自分に〝好みのタイプ〟として与えられていた」という感じです。

恋愛もそうですが、仕事でも同じで「こんなことやりたいな」とか「面白そうだな」という感覚も、「未来の自分がやっているから、そのヒントが今の自分に〝興味〟として提示されている」と考えることができます。さらに強烈に「やらなきゃいけない気がする」のように感じてる時は、「確実に未来に導かれているような気」になったりします。

私は本を書くたびに「自分の人生にとても大切な人」と出会っています。本を読んで連絡をくれたり、本をきっかけに講演した先で出会った人たちです。そうして繋がった人たちは、ただのビジネスパートナーというよりは友人のような感覚に近く、一生付き合っていくような気もしています。ちなみに私の妻も、拙著をきっかけに出会いました。そういう人たちは「私と出会ってくれるためのヒントとして本を手に取ったのかも」と感じています。

そもそも本を書くことになったきっかけも、導かれてるような自然な流れでしたし、「書きたい」というより「書かなきゃいけない」という感覚でした。ですので「拙著を起点に今起きてる出会いとか事象」が、過去の私に「本を書かせた」のだと思っていたりします。

なぜこんなこと言い出したかと言えば、この考え方は「単純にポジティブになれる」のでお薦めしたかったからです。

仕事でもなんでも、「無駄だったな」とか「失敗したな」とネガティブに感じる出来事はたくさんありますよね。でも、それは「未来の自分を形成する、その道筋に誘導するヒントなんだ」となれば、大事な時間や経験と思えるわけです。

「今つらいことが将来の糧になるんだよ」的な訓示や啓発はよくありますが、本当にキツいときとか、打ちひしがれているときは、そう簡単には考えにくいものです。私もそういう場面では「そんなポジティブになれないよ」といつも思っていました。ですが、これが「最先端科学で証明されようとしてる現象で、未来の自分に必要なヒントなんだ」と思ったら「少し信じてみようかな」と前向きになれました。

私が単純なだけかもしれませんが、ここ数年の私の土台になってる考え方なので少しだけ共有させていただきました。

結ぶ力

ここまで読んでくださった方にはお分かりかもしれませんが、本書では一貫して「人との関わり」についてお話してきました。ビジネスとは「人と人」で起こります。一人ではなにも起きません。人との結び付きがあるから、何かが起きます。とりわけ組織よりも個人の力が大きくなった昨今では、ビジネススキルとは「人との関係におけるスキルだ」と言っても過言ではないでしょう。

本書におけるビジネススキルは、「従来型のテクニックのようなこと」ではなく「考え方である」と捉えてお話してきました。最後にここで「人との関わり」について、その考え方を改めてアップデートしたいと思います。それは「結ぶ」ということです。

「結ぶ」という行為には一手間があります。ただくっつけるのとは違い、一手間があると解けにくくなります。「結ぶ」という感覚はとても日本的です。私はたびたび

「日本人の伝統的な文化や感性を大切にしたい」と言ってきましたので、ここでも一つ披露したいと思います。

「結び」という言葉は、神道にある「産霊」がルーツといわれていて、昔は清音で「むすひ」と発音していました。「産（むす）」には「生み出す」、「霊（ひ）」には「不思議な神霊の力」という意味があります。また、息子（むすこ）は「生す子」、娘（むすめ）は「生す女」が語源になっていて、「神霊の力によって生み出された」という意味があります。「結び」には「何かを生み出す神の力そのもの」という奥深い解釈があります。また『古事記』では天地が形成された始まりの時に三神が現れたとされていますが、そのうち高御産巣日神（たかみむすひ）と神産巣日神（かみむすひ）という二神にも「むすひ」が使われています。

このように日本人にとって「結び」は古くから続く精神文化であり、とても大切にされてきました。身近なところでは「おみくじ」は神様とのご縁を願って結びますし、正月の「しめ飾り」は一種の魔除けのような意味で飾られています。またお祝いの場で使われる「水引」も人と人、心と心を結ぶ縁起が良いものとされ、日本の伝統工芸として大切に伝えられてきました。結び方も目的や願いによって様々で、そこには高い精神性があります。

「人との関係」をビジネススキルと捉えると、どうしても打算的になって感情や想いが置いて行かれがちです。ですから、人との関係は「関わり」を超えた「結び」と考えます。言うならば「関係」ではなく「結係」ですね。

「ビジネススキルを高める」とは「自分と人を結ぶこと」「人と人を結ぶこと」です。縁を願い、一手間かけて解けにくくします。そしてそこには想いと願いがこめられています。すべてのスキルの力の源、それが「結ぶ力」というスキルです。

生きる力

どんなに優秀でも、どんなに成果を上げても、死んでしまえばそこで終わりです。どんなにやり残したことがあっても、後戻りはできないし、やり直すこともできません。でも、生きている限りどうにかできます。

生きることに執着する

成功者と言われる人は、「エネルギッシュで少し豪快で恐れを知らない」キャラクターイメージが一般的です。しかし、そういう人ほど「生きる」ことに執着しています。表向きには「いつ死んでもいい」みたいなことを言っている人ほど「生き残る」ことに執着しています。

ビジネスとはまさに生き残りの戦いですよね。良いものや社会に必要とされるものが残り、そうでないものは淘汰されていきます。ビジネスで成功している人は、ビジネスの能力が高いのではなく、生き残る能力が高いから成功しているとも言えるでしょう。「執着」には無意味なことが多いですが、ひとつだけ確実に意味があると言える「執着すべきこと」があります。それは「生きること」です。

生きていなければビジネスも何もありません。ですからまずは、健康でいることが大切です。睡眠、運動、食事の優先順位を上げるのはビジネスパーソンにとっても当たり前の考え方です。成功者と言われている人は、これらの優先度が一様に高いです。

また、大きな壁に向かって努力するのは素晴らしいことです。しかし、それで心身を削り、体を壊してしまっては元も子もありません。ビジネスにおいてはリスクをとることが必要ですが「生きる」ためにリスクを取るのは矛盾します。生き残るためにリスクを減らして「死なないように生きること」はとても大切なことです。

本書では一貫して「ストレスを軽減すること」を重視した考え方をお話ししてきました。それは経済合理性や生産性の観点からでもありますが、単純に「死なないため」でもあります。ストレスが多く苦しみながら生きると病気になります。極端には死んでしまいます。

もちろん、私は死を否定しているのではありません。TikTokなどでも話題になった考え方を少しだけご紹介します。「10億円を貰える」としたらどうしますか。しかも貰うにあたってのリスクはゼロです。もちろん貰いますよね。でも「貰ったら明日死んでしまう」としたらどうでしょう。当然貰いませんよね。つまり自分の明日にはそれだけ価値があるということになります。そして、その明日を迎えたいのに迎えられない人が、世界中にたくさんいます。

仕事は生きるためにする

働き方を考えたときライフワークバランスの話は必ず出てきますが、私は「仕事とプライベートの境界線がない方が幸福度が上がる」と考えています。プライベートの価値が高いと感じるなら「仕事に時間を費やすのは不幸だ」と感じるでしょう。価値が低いと感じていることに多くの時間を費やすと、精神的に苦痛です。仕事とプライベートを分けた時点で、どうしてもストレスが溜まる構造なのです。毎日の大部分を仕事に費やしているのであれば、仕事はライフの一部ですよね。プライベートをご褒美のように考える生き方は、本質的には誤りです。

私は「仕事＝人生」と捉えてきました。これは「仕事が人生そのもの」というわけではなく、「生きている時間すべてが価値ある時間であるべき」という考え方です。仕事とプライベートを分けていないからこそ、「仕事時間をストレスフリーに過ごせるようにしよう」と考えています。これが本書で「いかにストレスを減らすか」とお話ししてきた理由です。

多くの仕事がスマートフォンだけでもできる状態になりつつあり、単純労働は徐々にロボットに置き換えられています。ツールが揃い、場所や時間を選ばずに仕事ができるようになっています。このような社会の変化に併せて「働き方の自由度が高くなるほど、生産性が高まる」と感じる人が増えてきます。これからは益々「仕事とプライベートの境界線が薄れる時代」になり、それに適応した人ほど活躍していくでしょう。

そもそも人は生きていくために仕事をしていました。私たち人間の一番大きな仕事は「生きていくこと」です。

縄文人には、仕事とプライベートの区別なんかありませんでした。生きる目的もありません。生きるために生きていました。木の実を取りに行きました。貝を獲りにいきました。狩りをしました。穴を掘り、柱を建て、わらを刈り取ってきて家を建てました。それが彼らの「仕事」でした。すべて生きていくためですよね。食べ物を獲るスキルが高い人や、猛獣から身を隠すスキルが高い人が生き残りました。仕事のスキルは、生きるためのスキルでした。

時代はどんどん変化します。当然仕事のスキルも変化します。戦国武将は刀や弓や鉄砲のスキルを必死で会得しました。農民は開墾し、コメを育てるスキルを磨きました。どちらも生きていくためのスキルです。50年前の会社員は、社業をこなすスキルはもちろんですが、麻雀やゴルフの会得も必須でした。社内外のコミュニケーションツールとして当たり前だったからです。それは立派なビジネススキルと言えるでしょう。私が社会人になった頃でも、「先輩の吸うタバコの銘柄を覚え、言われたらすぐに出せるように何箱か持っておく」という謎のスキルがありました。

今思うとどれもくだらないですよね。でも、そういう人が評価されたり出世できました。これが当時の会社員にとって生き残るためのスキルだったわけです。

現代は「生きていることが当たり前」の時代です。それは本当に幸せなことです。しかし結果として「生きていくために」というスタート地点を忘れがちです。多くの人が「お金を稼がなければ」という考えからスタートします。違いますよね。「生きていくためにお金を稼ぐ」のです。そう考えると「生きる目的」や「生き方」がお金と繋がるようになります。

「生産するため生きる時代」は終わりを告げました。「生きるために働く」ことができるようになってきました。これは元に戻っただけともいえます。テクノロジーの進歩は物事を単純化しています。単純化は、人をあるべき姿、根源的な生活スタイルに引き戻します。ひとつ昔と大きく違うのは、「生き方」が自由に選べるということです。自分が選ぶ「生き方」に必要なスキルを得ていくこと、それが「生きる力」をつけるということです。

おわりに

私は大資本家でもないですし、誰もが知ってる有名人でもありません。でも自分で選んだ人生を自分なりに生きています。自分の足で歩き、幸せを感じながら生きています。

でもそれは自分の力ではありません。月並みな言い方になってしまいますが、今の私があるのは今まで私と関わってくれた人のおかげです。嫌な思いをしたこともありますが、それはすべて自分で選んだことの結果です。たくさんの人に迷惑もかけてしまいした。でもそうしたすべてのことが、今の私をつくっています。この本に書いた経験は私の経験ではありますが、その経験をさせてくれたのは私の周りにいてくれた方々のおかげです。こうした経験のどこか一片でも誰かに伝わり、疑似体験となって役にたてば、少しは恩返しになるのではないかと考えました。

人は社会の中で生きています。社会というのはビジネスを土台に回っています。ビジネススキルというのは「社会の中で生活するスキル」に他なりません。つまり

「生きていく力」です。本書はビジネス書としてビジネスの文脈で書きました。でも、書きたかったのは「人間社会で生きていく上で持っておくと良いですよ」というスキルです。

「スキル」とは、何かのモノのように受け渡しできる性質ではありません。「事象に対する考え方」です。考えた結果、行動があって、その行動がもたらす結果がスキルとして認識されているにすぎません。つまり、何か起こるたびに「幸せになろう」と考え、自分の幸せのために行動したら、その結果得られる学びは「自分が幸せになるスキル」になります。

本書でご紹介したのは、欠点だらけの私が自分なりに「幸せになるためにはどうしたらよいか」と考え、遠回りしながら得てきたスキルです。価値観は人それぞれですから腑に落ちないところもあったと思いますが、「幸せへの近道の標」になっていれば嬉しいです。

「自分の人生を幸せにしよう」と本気でしっかり考えている人は意外と少ないです。「自分にとっての幸せ」を考えることが幸せへの第一歩です。

自分なりの人生を背伸びしすぎず「最大限に幸せにするにはどうしたらよいのか」と考え、行動した結果に得られる力、それがあなただけに備わる「幸せになる力」という人生最高のスキルです。

本書執筆の機会をくださった小早川幸一郎社長、編集の小山文月さんに心より感謝いたします。

最後までお読みいただき、ありがとうございました。
もしお時間ございましたら本書のご感想をSNSやブログに
一言だけでも書いていただければ大変励みになります。
また著者本人へメッセージなどございましたら
こちらまでお願いいたします。
info@generate-one.com
ご縁に感謝いたします。

本文の例え話に登場する人物、団体、商品などは架空の設定で、
実在するものとは一切関係がありません。

［著者略歴］
高瀬敦也（たかせ・あつや）
コンテンツプロデューサー
株式会社ジェネレートワン代表取締役
フジテレビ在職中「逃走中」「ヌメロン」「有吉の夏休み」など企画。国際エミー賞二度ノミネート、アジアテレビジョンアワード最優秀賞受賞。ゲーム化をプロデュースした「逃走中」で累計100万本。「ヌメロンアプリ」350万ダウンロード（ゲームアプリ当時国内2位）。アニメブランド「ノイタミナ」を立ち上げ、「ノイタミナ」を命名。 独立後は多分野でヒットコンテンツを企画。動画プロデュースする「お金のまなびば!」はYouTube登録者数金融業界1位。Twitter（当時）での「伯方の塩 二代目声優オーディション」で広告効果10億円のバズ。自身プロデュースの日本酒「騨飛龍」のキャンペーンは1日で10万リツイート、フォロワー12万人獲得。現役プロ野球選手50名以上をメンテナンスするボディチューニングブランド「DEMENSIONING」や、Web3.0ソリューションカンパニー「POST URBAN」など多数の企業を創業・経営。また事業開発・商品企画・広告戦略など、20社以上で顧問・アドバイザーを務める。オンラインサロン「コンテンツファクトリー2030」主宰。著書『人がうごく コンテンツのつくり方』『企画――「いい企画」なんて存在しない』はベストセラー。

スキル

2023年10月1日　初版発行

著　者　高瀬敦也

発行者　小早川幸一郎

発　行　株式会社クロスメディア・パブリッシング
〒151-0051 東京都渋谷区千駄ヶ谷4-20-3 東栄神宮外苑ビル
https://www.cm-publishing.co.jp
◎本の内容に関するお問い合わせ先：TEL(03)5413-3140／FAX(03)5413-3141

発　売　株式会社インプレス
〒101-0051 東京都千代田区神田神保町一丁目105番地
◎乱丁本・落丁本などのお問い合わせ先：FAX(03)6837-5023
service@impress.co.jp
※古書店で購入されたものについてはお取り替えできません

印刷・製本　中央精版印刷株式会社

ISBN978-4-295-40878-9　C2034